Gestión Del Tiempo

Estrategias convincentes y validadas para mejorar la productividad y mantener la motivación para lograr el máximo rendimiento

(Estrategias efectivas para mejorar la productividad y aliviar el estrés)

Leopoldo Sanchis

TABLA DE CONTENIDOS

la teoría y presentación del concepto.

contexto inicial

Durante la década de los cuarenta, Joseph Juran llega a notar que solamente un número reducido de las fallas detectables provee la causa principal de los inconvenientes en la cadena productiva. Prontamente identifica la relación 80/20, en la que el 80% de los problemas se deben al 20% de los defectos, y adjudica dicha teoría a Vilfredo Pareto, quien la formuló en los albores del siglo XX. Joseph Juran, en el transcurso de su investigación sobre la gestión de la calidad, aporta evidencia de que las causas se pueden categorizar en dos grupos: las críticas, que comprenden el 20% de los defectos en nuestro caso, y las menores, que representan el 80% restante. . Al aislar los defectos considerados más problemáticos, es decir, aquellos que representan el 80 % de los problemas, Joseph Juran puede concentrar sus esfuerzos en ellos, lo que genera una reducción significativa de los problemas identificados en la cadena de fabricación.

¿Sabías que...?

El principio de Joseph Juran se denominó originalmente "Los pocos vitales y los muchos triviales", que puede traducirse como "la minoría crítica y la mayoría insignificante". No obstante la significativa contribución de este renombrado economista, el término "principio de Pareto" ha permanecido en uso a lo largo del tiempo, indudablemente debido a su atractivo sonido, en contraposición al nombre acuñado por Joseph Juran.

APLICACIONES EN LA EMPRESA

En la actualidad, el principio de Pareto es ampliamente utilizado tanto en el entorno empresarial como en aquellos referentes a la gestión individual y a la optimización de la eficacia. En el contexto empresarial, las aplicaciones informáticas pueden abarcar tanto la administración de la base de clientes como de la gestión de recursos humanos, en consideración al principio de Pareto, donde el 20% de los empleados se encargan del 80% de la carga de trabajo. Además, es relevante su uso en la elaboración de estrategias comerciales que consideren la misma regla, donde el 20% de los productos podrían generar el 80% de la rentabilidad empresarial. En esta sección, nos adentraremos en mayor detalle en la implementación de este principio dentro del contexto empresarial. Los siguientes puntos ilustran explícita y sucintamente varias aplicaciones para ayudar a comprender el principio de Pareto.

El principio de Pareto como herramienta de marketing relacional

Uno de los aspectos más significativos en cuanto a la aplicación del principio de Pareto se refiere, está relacionado con la administración de la clientela empresarial. Existen múltiples investigaciones que demuestran que el 20% de los clientes de una empresa son responsables del 80% del volumen de negocios, confiriéndoles una relevancia crucial para el éxito de la misma. En consecuencia, se hace indispensable lograr su lealtad con el fin de garantizar la retención máxima factible. Esta meta se logra principalmente mediante la implementación de estrategias de marketing relacional.

¿Sabías que…?

El marketing relacional se erige como una estrategia de notable eficacia en la construcción y consolidación de vínculos sólidos y duraderos entre una empresa y su clientela, sustentada en la concesión de obsequios, descuentos y/o asesoramiento personalizado, por citar solo algunos ejemplos. La meta consiste en establecer una conexión perdurable con los clientes, puesto que el gasto asociado con la fidelización resulta comparativamente más bajo que el desembolso vinculado con la obtención de nuevos clientes.

Existe otra aplicación del principio de Pareto en la gestión de la relación con los clientes, a saber, que los clientes que representan el 20 % de la clientela realizan el 80 % de las reclamaciones. En caso de que el mencionado porcentaje del 20 % corresponda a los clientes previamente referidos en el ejemplo precedente, la empresa no experimentaría ningún obstáculo para satisfacer sus necesidades, en vista de que su meta actual se enfoca en consolidar su lealtad. Lamentablemente, con frecuencia se observa que el 20% de consumidores destacados no se superpone con aquellos que generan el 80% de las solicitudes de asistencia. En la presente situación, para la empresa se presenta un desafío en la identificación precisa de cada segmento de clientes y en la asignación óptima de sus recursos para atenderlos de manera efectiva. En consecuencia, se requiere que defina sus prioridades y tome una decisión sobre si priorizar su volumen de negocios o la gestión de las reclamaciones, lo cual resultará en la satisfacción del cliente.

Pareto utilizado como metodología de supervisión de la calidad.

Una segunda aplicación, particularmente enfatizada por Joseph Juran, es la del control y gestión de calidad dentro de la cadena de producción. En caso de que el 20 % de los defectos presentes en el producto sean responsables del 80 % de los inconvenientes que aquejan a los clientes, resulta de suma importancia para la compañía focalizar sus esfuerzos en la resolución de los defectos en cuestión, con el fin de optimizar la calidad del producto ofrecido. Existen otras aplicaciones similares de igual validez.

El 20 % del tiempo dedicado al ajuste de las maquinarias permite abordar el 80 % de los problemas identificados.

El 20 por ciento de la cadena de producción es responsable de generar el 80 por ciento del producto final.

Otros usos de Pareto

La herramienta de gestión personal indica que la productividad se centra en un 20 % de trabajo, el cual genera el 80 % de los resultados obtenidos.

La herramienta de gestión de riesgos permite identificar que el 20% de los riesgos pueden generar el 80% de las consecuencias correspondientes.

La herramienta de gestión logística revela que el 20% de los productos es responsable del 80% de los costos de almacenamiento.

La herramienta empleada para la gestión de existencias establece que el ochenta por ciento del valor total de las existencias corresponde al veinte por ciento de la cantidad total de productos.

La herramienta de administración de ventas indica que un 20 % de los productos conlleva el 80 % de los rendimientos y así sucesivamente.

administrar de manera efectiva su tiempo para evaluar cuidadosamente el uso que le está dando en distintas actividades.

En este punto, ya ha adquirido una perspectiva de futuro nítida. Una visión bien definida con metas SMART, a ser perseguidas durante un período de tiempo hasta que se alcancen, y una lista de proyectos que ayudarán en su realización.

En este momento, la interrogante que surge es cómo lograrás asignar tiempo para dedicarlo, si el tiempo disponible en el día resulta limitado.

Realmente crees ser capaz de incorporar más actividades a tu agenda diaria?

No hay necesidad de alarmarse. Dispone de amplio margen de tiempo. En realidad, es una condición que todos poseemos, y me gustaría brindarle una prueba de ello.

En efecto, con frecuencia se percibe que el tiempo disponible resulta insuficiente para abordar satisfactoriamente la totalidad de las obligaciones que nos conciernen. En qué medida usted ha experimentado la sensación de que el transcurso de la mañana ha transcurrido velozmente?

No obstante, en ocasiones sucede lo contrario donde al llegar el término del día, aún quedan pendientes múltiples labores por concluir y se ha dedicado el tiempo de manera improductiva.

¿Eres consciente de que has dejado transcurrir un lapso de tiempo irrepetible? El tiempo es un bien escaso y no renovable. Consecuentemente, hacer uso óptimo de ello constituiría no solo una responsabilidad sino un imperativo ético.

Desperdiciar el tiempo es un comportamiento que no debería ser tolerado por nadie.

Ofrezco todas mis pertenencias a cambio de un tiempo adicional. Tal era el deseo de la reina Isabel I de Inglaterra al percibir la proximidad de su fallecimiento.

Ninguno de nosotros posee conocimiento acerca de la cantidad de tiempo que ha sido asignada a nuestra persona. Es por esta razón que se torna de suma importancia otorgarle el debido valor y sacar el mayor provecho posible de ello. En realidad, el elemento esencial radica en poseer la habilidad de planificar y gestionar de forma eficiente el tiempo con el fin de maximizar su productividad.

Consideremos que habitamos en una comunidad en la que la prisa y la tensión se han asumido como acompañantes constantes. Nos enfrentamos a una amplia gama de desafíos, que exceden nuestra capacidad actual y que generan una angustiosa sensación de insuficiencia ante el cumplimiento de nuestras responsabilidades.

Lamentablemente, no contamos con un duplicado que pueda desempeñarse en el trabajo mientras disfrutamos de nuestro tiempo de descanso bajo el sol. La única metodología eficaz para mejorar nuestra cotidianidad y aumentar nuestra productividad radica en la siguiente premisa: la disciplina en la organización.

Supongamos que tienes una reunión de negocios programada. En el plazo de una hora, tienes pactado un encuentro gastronómico con un cliente de gran relevancia, con quien colaborarás por primera vez. Al no estar familiarizado con él, aspiras a generar una impresión favorable. Procedes a abrir el armario con la intención de seleccionar atuendos adecuados que transmitan una imagen profesional.

Al momento de abrir el armario, se percibe una amalgama de prendas de vestir desordenadas, donde blusas y pantalones descansan juntos en una misma percha. Se observa además, que la americana se encuentra notoriamente arrugada y que resulta difícil encontrar el otro zapato, así como también el cinturón correspondiente. Empiezas a mostrarte inquieto/a. Por favor, conecte la plancha con el objetivo de eliminar las arrugas presentes en los pantalones. No posees vestimenta íntima higiénica y, en consecuencia, optas por utilizar unos calcetines deportivos.

Mientras te diriges a tu compromiso, recibes una llamada del restaurante notificándote que tu reserva ha sido cancelada. Has arribado con un retraso de 35 minutos. El cliente ha estado esperando y se fue en un estado de insatisfacción. Y, ¡hala!, proyecto cancelado.

Una eventualidad que no habría tomado lugar de haber mantenido su guardarropa debidamente organizado. La evidencia empírica revela que en una proporción significativa de casos, la falta de organización es precisamente la causa de las oportunidades perdidas.

Es imposible establecer una estructura organizada sin un eficiente control temporal. Establecer plazos definidos, una jerarquía precisa de tareas y una comprensión clara de las responsabilidades son los factores clave que optimizan la eficacia personal, permitiendo la distribución efectiva del tiempo y la productividad. Y en todas las esferas de la existencia.

¿Cuál es la razón subyacente de la relevancia de documentar el control del tiempo?

Es de suma importancia recordar que nuestro propósito primordial consiste en ser altamente productivos y hacer uso efectivo del tiempo disponible. Conforme se ha evidenciado, el requisito vital para optimizar el uso completo de las horas del día reside en la planificación, la organización y la supervisión adecuadas.

Veamos por qué:

El paso inicial para modificar la forma en que asigna su tiempo es discernir la utilización actual de su tiempo.

El hecho de anotar el tiempo invertido en cada actividad nos servirá para saber si lo estamos empleando de forma productiva. De manera sencilla, es necesario documentar meticulosamente los minutos dedicados a diversas actividades, como la comunicación a través de chats, la visualización de contenidos en la plataforma en línea de YouTube y la reflexión introspectiva.

Observación importante: es preciso dejar en claro que la actividad en cuestión no consiste en un ejercicio matemático ni en una tarea de registro exhaustivo de cada acción llevada a cabo. El objetivo es llevar a cabo dicha tarea en un período de tiempo preestablecido, que puede oscilar entre una semana, dos semanas, o incluso un mes. En otras palabras, el lapso requerido para adquirir una comprensión global acerca de la manera en que se emplean las horas productivas y en qué se destinan. El objetivo final es tomar conciencia del tiempo perdido a lo largo del día.

Este sirve como fundamento para la creación de tácticas productivas adicionales.

La toma de conciencia respecto al tiempo desperdiciado permitirá implementar medidas para subsanar esta situación. Como ilustración, se puede proceder a la eliminación de aplicaciones en el dispositivo móvil o a la reducción del volumen de las alertas de las redes sociales, entre otras medidas. De esta manera, obtendrás un margen de tiempo adicional que podrá ser invertido en asuntos de mayor productividad o que se alineen con tus prioridades más importantes.

La realización de las actividades mencionadas no solo resultará provechoso para mantenerse al día con sus responsabilidades, sino que también le brindará la oportunidad de renovar su conexión con aquellas áreas que le resultan verdaderamente atractivas. Este recurso permitirá que puedas recuperarte de la condición denominada 'pérdida de tiempo aguda', que estaba menguando tu capacidad de ser productivo, y lograr un tratamiento eficaz.

Facilita una valoración precisa del tiempo requerido para cada tarea.

El acto de registrar su tiempo en un diario personal puede aumentar su responsabilidad y conciencia de las horas que está gastando de manera ineficiente. En otras expresiones, renunciarás a la autoilusión. Es análogo al momento en que en el lugar de trabajo, en vez de dedicarse a la tarea encomendada, se destinan las horas a navegar por la red social Facebook. Como sus colegas perciben que está concentrado, suponen que está trabajando diligentemente, sin embargo, solo usted está al tanto del hecho de que esta suposición no es precisa.

Al documentar diligentemente esos momentos improductivos, la situación experimenta un notorio cambio: en este ámbito, la auto-complicidad no tiene cabida, puesto que el acto de registrar es de tu propia autoría. Es comparable a una advertencia que conduce a la reflexión, en la cual se reconoce que apenas ha transcurrido un breve lapso de tiempo desde que se interrumpió la conexión con la realidad. Ha transcurrido gran parte del tiempo sin que hayas llevado a cabo ninguna tarea productiva.

La realidad se presenta contundentemente y puede generar un sentimiento de aflicción en uno mismo. En tu ser interior, es imperativo que reconozcas los hechos y te comprometas a que en el futuro las circunstancias serán distintas.

desarrollo de listas de tareas inteligentes.

Al reflexionar sobre ello, resulta evidente que la utilización de una lista de tareas pendientes se presenta como una actividad sencilla, casi tan natural como respirar. No obstante, se debe señalar que la situación es más compleja de lo que aparenta. La calidad de sus listas de tareas puede afectar significativamente su capacidad para optimizar la productividad personal, ya que existen variaciones en la efectividad de las diferentes listas de tareas. Además, no crear listas sensatas e inteligentes puede afectar negativamente la productividad personal. Por lo tanto, ¿qué criterios determinan la racionalidad y la coherencia de la lista de tareas?

Específico

Se recomienda que los elementos incluidos en sus listas de tareas sean precisos y detallados en cuanto a las actividades que requieren su atención. En caso contrario, se le presentará una dificultad considerable para lograr productividad. Ello se debe a que en caso de que los elementos que conforman su listado de tareas carezcan de precisión, se presentarán dos posibles contratiempos respecto a su productividad personal. La primera consiste en la incapacidad para determinar de manera objetiva el momento en que se ha cumplido adecuadamente con las tareas asignadas. Como ilustración, ¿cuál es la definición de la expresión verbal "realizar una cantidad significativa de labores en el tiempo designado"? Significa llevar a cabo el completo procesamiento de una, dos o incluso veinte transacciones en el transcurso del día.

Medible

La inclusión de tareas mensurables en la lista de tareas implica que dichos elementos pueden ser cuantificados mediante valores numéricos específicos o descompuestos en elementos medibles. La medición de una tarea es directamente proporcional a la capacidad de determinar objetivamente si se ha completado algún elemento en la lista de tareas pendientes. Por ejemplo, será extremadamente desafiante determinar objetivamente el logro de ser 'más feliz', ya que la alegría es una emoción inconmensurable, a diferencia de 'alimentar a 10 personas sin hogar más hoy en comparación con la semana pasada', que puede determinarse objetivamente.

realizable

Los elementos de nuestra lista de tareas deben ser realistas y alcanzables. En caso contrario, su eficiencia se verá mermada en gran medida, lo cual puede propiciar una espiral negativa que resulte en un deterioro progresivo de su tendencia a postergar las tareas, su capacidad productiva y su nivel de motivación para emprenderlas. No obstante, si se elabora una lista de tareas con elementos factibles y realistas, se logra elaborar una lista que incrementa la productividad, la moral y la habilidad para vencer la procrastinación.

Por lo tanto, en vez de agregar objetivos grandilocuentes como "conseguir la paz mundial" a su lista de tareas, es preciso incorporar metas factibles a las cuales tenga la capacidad de alcanzar. Por ejemplo, podría programar una reunión con Doug para discutir la adquisición de nuevos productos.

Otro aspecto del realismo implica la cantidad de tareas enumeradas en la agenda diaria. En caso de no observar debida precaución, es factible realizar enumeraciones diarias de tareas contraproducentes, conducentes a una disminución de la productividad y, en última instancia, a la procrastinación.

Si usted incorpora en su lista de quehaceres diarios excesivas tareas, existe una alta probabilidad de sentirse abrumado al no poder culminarlas y originar una acumulación cada vez más extensa de trabajo pendiente. En caso de que esta situación se presente de manera recurrente, usted percibirá una disminución gradual en su motivación para culminar las labores asignadas, lo cual propiciará la postergación y un decremento en su nivel de productividad.

Una directriz efectiva a considerar durante la elaboración de su lista de actividades a realizar con el fin de evitar experimentar una sensación de desbordamiento, es restringir el alcance de tareas significativas a no más de tres por jornada laboral. La inclusión de elementos adicionales puede acarrear un notable incremento en el riesgo de experimentar una sensación de sobrecarga e inefectividad.

Importante

Un catálogo pertinente de tareas es aquel que está enfocado a facilitar el logro de los objetivos más importantes de la vida. En efecto, se evidencia que no desea elaborar una lista de obligaciones pendientes o propósitos que carecen de enfoque. Al enfocarse exclusivamente en las labores que son pertinentes para alcanzar sus metas más significativas y relevantes, está disminuyendo inconscientemente la cantidad de actividades que programa diariamente en su agenda. Esto puede resultar útil para lograr una lista de tareas más acorde a la realidad y alcanzable.

Período de tiempo

Finalmente, es imperativo que todos los elementos incluidos en su lista de tareas cuenten con una fecha límite establecida. En caso de no establecer una fecha límite para las tareas, se perdería el sentido de urgencia en su cumplimiento. Si alguna vez ha tenido la intención de perder diez libras sin establecer un cronograma o fecha límite para lograrlo, la inclinación a procrastinar se vuelve significativamente más fuerte.

En vez de utilizar expresiones coloquiales como "termina de escribir mi informe", es preferible emplear un enunciado de tono más formal, como por ejemplo: "Sería de gran ayuda si pudieras finalizar mi informe antes de la hora límite de las 11 a.m.". De esta forma, se transmitiría la misma idea con un lenguaje más profesional y adecuado a un contexto formal. Este proceder otorgará una significativa amplificación en la percepción de la importancia de culminar la tarea, así como en la consecución de un grado superior de concentración.

Si desea incrementar su eficiencia y ampliar el alcance de sus actividades, es necesario que comience a elaborar listas de tareas S.M.A.R.T.

Una elucidación sucinta de las prácticas ágiles y la metodología Scrum.

A pesar del hecho de que la génesis de Scrum como marco metodológico de trabajo se remonta a un artículo publicado en Japón por Hirotaka Takeuchi e Ikujiro Nonaka en 1986, fue únicamente hasta el año 2011 cuando Ken Schwaber y Jeff Sutherland popularizaron esta técnica a través de su obra literaria "Scrum Guide". En la actualidad, existen diversas instituciones educativas y métodos que clasifican o delimitan de manera aproximada las prácticas ágiles de Scrum; sin embargo, en términos generales, existe unanimidad en torno a los principios fundamentales y objetivos de las mismas.

Scrum es concebido como un conjunto de principios y métodos de trabajo iterativos y colaborativos. A pesar de que su concepción inicial estuvo enfocada en los equipos de desarrollo de software, los preceptos y ventajas inherentes son susceptibles de ser implantados en cualquier tipo de conjuntos de trabajo colaborativo. Este es uno de los motivos por los cuales ha ganado tanta popularidad.

Es necesario realizar una distinción entre Scrum y la metodología ágil, dado que el primero consiste en un conjunto de pautas y sugerencias para la ejecución del trabajo, mientras que la segunda se refiere a una filosofía acerca de cómo abordarlo. El objetivo de ambos es la mejora continua, que a veces puede volverse entrelazada y poco clara, sin embargo, mientras que discutir la adopción de un enfoque ágil es una declaración de intenciones y mejores prácticas, implementar Scrum implica promulgar esas intenciones y emprender acciones prácticas.

Respecto a los principios ágiles, cabe mencionar que una retrospectiva histórica podría resultar beneficioso para una comprensión más amplia del tema. Un grupo de figuras destacadas de la industria del software se reunió en los Estados Unidos a principios de 2001 para establecer lo que se conocería como el Manifiesto Ágil. Entre los destacados participantes figuraron Kent Beck (creador de eXtreme Programming), Jeff Sutherland (uno de los fundadores de Scrum) y Ken Schwaber. Durante dicha reunión, se llevó a cabo una explicación detallada de los métodos de trabajo individuales, con el fin de llegar a la determinación consensuada de los valores primarios que servirán de fundamento en el desarrollo de cualquier método ágil en el futuro. Fruto del encuentro mencionado, se establecieron cuatro valores y doce principios que dieron origen al Manifiesto Ágil, documento que ha perdurado en el tiempo y que ha servido como base para la conformación de nuestro método de gestión para el tiempo de los menores, de manera natural y congruente con nuestros principios.

Uno de los principios fundamentales de Scrum radica en la premisa de que el equipo posee un conocimiento incipiente o limitado al inicio del proyecto. A través de un trabajo constante y la capacidad de adaptarse a las condiciones y situaciones que surgen, se puede lograr un mayor y mejor desarrollo en la ejecución del proyecto con ese equipo en particular, y así obtener un progreso efectivo. En cada nuevo proyecto, se puede aprovechar todo el conocimiento adquirido previamente si se mantiene el equipo.

De alguna manera, esto contradice las técnicas de gestión de personal "convencionales" en las que las fases de un proyecto de software se programan con semanas o meses de anticipación, con el fin de calcular la carga de trabajo de los programadores, los plazos de entrega, los recursos necesarios y la verdad es que la complejidad de la mayoría de las tareas en este ámbito, junto con la dinámica del factor humano, hace que la predicción sea impredecible o muy difícil.

En resumen, se puede afirmar que las prácticas más relevantes de Scrum son:

Iteraciones: una iteración es un breve período de tiempo claramente definido en el que un equipo colabora para cumplir con una cantidad de trabajo establecida y entregar un producto utilizable o completo. Este es el verdadero principio de la estrategia de fragmentación y conquista en el núcleo de la metodología Scrum. Por lo general, las tareas se clasifican en funcionalidades manejables y cronogramas que se alinean con las prioridades del propietario del producto.

Los procedimientos establecidos para las reuniones son de suma importancia para fomentar la cohesión del equipo y deben ser considerados como un conjunto integral que incluye la planificación de los ciclos de trabajo, las reuniones diarias, la revisión del progreso y los análisis retrospectivos. A pesar de que no se implementarán todos los protocolos en nuestro sistema, se pueden identificar los mismos principios en las prácticas que emplearemos con los menores.

Los papeles que se desempeñan en una situación dada se pueden clasificar en dos categorías, a saber, los que son claves para la trama y los que desempeñan una función secundaria en dicha situación. Los roles principales comprenden al Dueño de Producto, Scrum Master y Equipo de Desarrollo, en tanto que los roles subordinados incluyen a los Clientes, Interesados (stakeholders), Usuarios y los Patrocinadores. Cada individuo juega un papel crucial dentro del marco de trabajo, aunque los roles fundamentales tienen un significado fundamental.

A pesar de que el despliegue integral de Scrum, al igual que cualquier otro método ágil de desarrollo de software, resulta notablemente apasionante, en este manual nos enfocaremos fundamentalmente en su papel como progenitor o afín del sistema creado para brindar respaldo a los infantes en el ámbito académico. Existe una cantidad significativa de información accesible en línea acerca de los enfoques ágiles y Scrum. Actualmente, estos métodos han ganado una amplia aceptación no solo en el ámbito de desarrollo de software, sino también en diversas empresas tecnológicas para la creación de productos y servicios. Existen diversas áreas en las que se puede implementar el enfoque de Scrum, tales como el ámbito legal, la mercadotecnia, la política y la comunicación. En términos generales, este sistema de organización y gestión del tiempo se ha destacado por su efectividad en la obtención de resultados concretos y medibles.

consejos para mantenerse concentrado

Podría argumentarse que la falta de logro de nuestros objetivos se debe a una incapacidad para ejercer la suficiente fuerza de voluntad en su consecución. Algunos dicen que se debe a que estamos demasiado ocupados o abrumados para tomar medidas sobre nuestra resolución. Es posible que varias situaciones hayan influenciado tu situación actual; sin embargo, es plausible considerar que la probabilidad de haber emprendido un camino sin la orientación adecuada ha derivado en una desviación de tus metas a largo plazo.

En lugar de recitar una lista de cosas, "debería" hacer por cualquier motivo, siéntese a pensar qué es lo que realmente desea lograr y establezca una intención sólida para lograr su objetivo. Asimismo, propongo que se centre exclusivamente en una o dos metas simultáneamente. Indiferentemente de las metas que se desean alcanzar, la formulación de una intención puede servir como el primer paso en la senda del éxito.

A continuación, se presentan cinco recomendaciones para alcanzar exitosamente su objetivo definitivo:

1.- Aclare su mente. Al establecer una declaración de intenciones, se comunica de manera precisa tanto a usted como a otros individuos, lo que planea realizar. Por favor, proporcione una definición detallada del resultado deseado que se espera alcanzar como consecuencia del logro de su objetivo. Por ejemplo, se puede inferir que la persona ha logrado su objetivo de mejorar sus habilidades de gestión cuando constantemente experimenta una mayor satisfacción con su capacidad para manejar situaciones desafiantes e inspirar a su personal. Algunos logran alcanzar incluso esa ansiada promoción que han estado persiguiendo.

2.- Aprender a esquematizar. Es importante considerar que una intención puede tener diferentes magnitudes, y que cada meta de considerable envergadura está compuesta por múltiples intenciones de menor escala. Al realizar un seguimiento cuidadoso, cada una de estas intenciones pequeñas puede contribuir al logro del éxito final. Por ejemplo, si su objetivo es mejorar sus habilidades de gestión, su intención inicial puede ser internalizar su empresa para determinar las habilidades y características específicas en las que puede concentrarse.

No permitas que la confusión desborde tu intención." (Ya en tono formal) "Asegúrate de que la confusión no domine tu intención. Quizá experimente una gran pasión por resolver la situación, sin embargo, es importante tener presente que dicha pasión sin un plan estratégico adecuado equivale a un despilfarro de energía y, a la larga, se desvanecerá inexorablemente. La determinación de avanzar gradualmente hacia su meta diariamente le permitirá mantenerse en rumbo y disipar cualquier ambigüedad en el proceso.

4.- Utilice sus recursos. Solicita aquello que anheles o requieras de tus congéneres. Al expresar de manera clara y directa tus intenciones y solicitudes a terceros, aumentas tus posibilidades de establecer una relación fructífera y duradera con alguien que comparta tus intereses y objetivos. Si uno tiene una alta consideración por el estilo de liderazgo de alguien, se puede solicitar su asesoramiento y eventual colaboración. Es altamente probable que se sientan enaltecidos y altamente predispuestos a brindarle su orientación y recomendaciones.

5.- Sea responsable. Seleccione de manera minuciosa sus objetivos determinando aquellos aspectos que verdaderamente despiertan su interés. Puede solicitar a un conocido en quien confíe que le brinde su cooperación para mantener su nivel de responsabilidad. No obstante, ninguna cosa puede equipararse con la importancia de cumplir con tus intenciones. Descubrirá gratamente cómo su sentido de autoconfianza y realización personal se elevará al alcanzar sus objetivos.

erradique los obstáculos de la ineficiencia.

La adquisición de habilidades para la efectiva gestión de nuestros recursos físicos e intelectuales, con el fin de optimizar el empleo de nuestro tiempo, representa un reto de considerables dimensiones. Como se evidencia, constantemente nos enfrentamos a una miríada de adversarios, cada uno de los cuales busca impedirnos, distraernos y vencernos. El acto de buscar una fórmula divina para optimizar la productividad de manera excepcional es un esfuerzo fútil y sin sentido. Nos diferenciamos por nuestra individualidad y la complejidad que nos define. Cada individuo diseña y ejecuta la estrategia que le genere los mayores beneficios.

Para maximizar el tiempo de uno, es imperativo que el individuo posea una aguda conciencia de la preciosidad de un concepto tan simple pero profundo como el momento presente. En resumen, es importante tener en cuenta que el momento oportuno para iniciar dicha tarea no es en una fecha posterior próxima, sino que el momento adecuado es el presente momento actual.

Individuos con niveles reducidos de productividad o con dificultades para alcanzar las metas propuestas se agrupan en dos tipologías altamente distintivas. Existen individuos que justifican su inactividad mediante excusas, mientras que hay otro grupo que tiende a sobrestimar sus planes y nunca llega a ejecutarlos.

Si bien ambos casos presentan una apariencia de similitud casi perfecta, es importante destacar que existen notorias diferencias entre ellos. A continuación, procederemos a examinarlas con el propósito de que el lector pueda comprender los procesos cognitivos involucrados en cada situación y estar preparado para su posible manifestación en el futuro.

Aquellas personas que tienen explicaciones por no comenzar algo, en realidad no tienen el deseo real de comenzar el proyecto en cuestión. No han incorporado en su pensamiento la relevancia de adaptar sus rutinas y conductas con el fin de lograr un incremento en los niveles de eficiencia diaria. Tal vez sean individuos que aún no han alcanzado el punto crítico y es posible que la coyuntura sea todavía manejable. A menudo, las personas demostramos una habilidad particular para postergar la toma de decisiones relevantes hasta que nos vemos obligados por las circunstancias más apremiantes.

Posteriormente, aquellos individuos que otorgan una excesiva idealización a su plan se ven inmersos en una situación interna que paulatinamente se torna divergente, en vista de que poseen plena conciencia de la trascendencia de llevar a cabo la acción necesaria para implementar el plan previamente diseñado. La situación radica en la autoimposición de una serie de condiciones que se perciben necesarias para lograr un estado de comodidad previo al inicio de la actividad. El cumplimiento de los planes por parte de dichas personas padece por causa de sus onerosos esfuerzos por conciliar diversas facetas de sus vidas, en aras de identificar el momento más propicio. Se han acostumbrado a un enfoque que socava la eficacia de sus tareas diarias, ya que tienen la capacidad de actuar sin depender de las circunstancias externas.

Es habitual errar al perseguir la búsqueda del momento idóneo oportuno para iniciar una actividad determinada. La raíz del problema radica en el hecho de que el momento oportuno, precisamente como imaginamos y aspiramos con todos los detalles necesarios, rara vez se materializa en la realidad, al menos no invariablemente tan pronto como deseamos. La lamentable consecuencia es que pospusimos indefinidamente esa actividad, lo que provocó una pérdida de productividad.

En ambas situaciones, los individuos poseen una serie de concepciones que, ya sea debido a pretextos o al idealismo de las circunstancias por venir, terminan induciéndolos a procrastinar las acciones que se requieren, culminando así en la falta de cumplimiento de los objetivos previstos. La presente disposición gráfica ilustra el proceder de ambas categorías de individuos.

Individuos con excusas vs. Individuos con Perspectivas Idealistas.

En caso de que no pueda llevar a cabo su práctica de ejercicios debido a la inaccesibilidad de un centro deportivo en su cercanía, le sugerimos que considere la alternativa de dar un paseo o realizar trote en un parque. En el caso en que su jornada laboral se extienda hasta altas horas de la noche y el tiempo sea limitado, sería una alternativa viable levantarse temprano y dedicar 30 minutos a la práctica del ejercicio matutino previo al inicio de su jornada laboral. Las excusas son el resultado de una negativa o resistencia a considerar aspectos más profundos o complejos de un problema.

Del mismo modo, no es necesario esperar necesariamente a la llegada de las vacaciones para disponer de más tiempo libre; puede iniciar rutinas suaves en las primeras horas de la mañana e intensificarlas o prolongarlas durante las vacaciones. Además, no es estrictamente imprescindible llevar ropa deportiva para hacer ejercicio; muchas personas simplemente trotan con camisas holgadas y pantalones cortos hechos en casa.

Indudablemente existen excepciones. En ciertas ocasiones resulta imperativo aguardar hasta que se logren garantizar ciertas condiciones, a fin de dar inicio a una actividad o proyecto determinado. Sin embargo, esto no debería ser un hecho recurrente en la rutina cotidiana de las personas, sino más bien debería ser algo poco común.

En ocasiones, resulta aconsejable abstenerse de reflexionar excesivamente sobre las virtudes ideales que se desean alcanzar para dar inicio a una situación específica, ya que se corre el riesgo de idealizar en demasía dicha etapa, reduciéndose al mínimo la probabilidad de que se configure un escenario exactamente acorde a los deseos proyectados. Si condicionamos nuestras acciones a un escenario de baja probabilidad de ocurrencia, es inevitable que nuestra conducta se vea limitada y, por ende, nuestra capacidad para actuar reducida. En esos casos, es común atribuir responsabilidad a las circunstancias adversas.

Una vez tomada la decisión de modificar la actitud personal, disminuyendo la frecuencia de excusas o idealizaciones, el proceso de adaptación cognitiva se inicia, ajustando el comportamiento a un nuevo patrón conductual. Comienzas una transformación en tu mentalidad y llegas a adaptarte a reaccionar con mayor prontitud en tus acciones. Los resultados positivos se manifiestan y, por lo tanto, refuerzan la seguridad personal de uno en la corrección del curso de acción elegido.

Sin embargo, a pesar de la plausibilidad de los hechos mencionados, es ampliamente conocido que la travesía hacia el logro no se encuentra exenta de dificultades y contrincantes que requieren ser sorteados con determinación y éxito.

Teniendo en cuenta que el propósito de este libro es proporcionar información entretenida, precisa y educativa, nos gustaría compartir con usted las características de los gigantes que intentarán obstaculizar su mejora de la productividad. El objetivo es que uno se familiarice con sus trampas y estrategias maliciosas, para obtener una comprensión profunda de ellos y poder identificarlos rápidamente en su forma de vida actual, con el objetivo final de eliminarlos sin dudarlo.

Prácticas tradicionales" o "costumbres ancestrales".

Los estudios en psicología sostienen que la práctica sostenida de un nuevo hábito durante un lapso de al menos cuarenta días es suficiente para consolidarlo como una costumbre arraigada. Indudablemente, en estos días las tradicionales metodologías resistirán al cambio y se esforzarán tenazmente por evitar su progreso en el emprendimiento de enriquecimiento. A fin de abandonar un hábito, se requiere de una fuerza de voluntad que se oponga a dicho hábito, conjuntamente con la práctica de una serie de hábitos alternativos que permitan enfocar nuestra atención y energía hacia objetivos más beneficiosos. De manera general, al intentar abandonar un hábito o vicio perjudicial, se debe recurrir a la aplicación de este principio híbrido.

Consideremos el scenario en el cual un conocido suyo tiene el deseo de abandonar el hábito de fumar. El individuo deberá ejercer la toma de decisiones para conseguir despertar al día siguiente y hacer frente a la tentación de fumar el primer cigarro, lo cual implica un esfuerzo mental significativo que combate una serie de impulsos originados por hábitos y la propia ansiedad generada químicamente. No obstante, la resistencia por sí sola podría verse comprometida, por lo que sería recomendable que su amigo inicie la práctica de alguna actividad física, consuma suficiente cantidad de agua y adopte otras iniciativas que complementen la transición hacia un estilo de vida saludable y libre de tabaco.

Lo que es convincente es que una vez que exhibimos fortaleza en nuestras convicciones y tomamos la determinación de avanzar en nuestras iniciativas para abandonar las tradiciones obsoletas, es entonces cuando los comportamientos novedosos se arraigan en nuestra conducta, facilitando una transformación natural en individuos alterados.

Resistencia al cambio:

De manera inherente, el ser humano experimenta un sentimiento de ambigüedad cuando se enfrenta a lo que desconoce. El fenómeno que se presenta puede explicarse por el hecho de que tendemos a tener ciertas expectativas respecto a las situaciones nuevas o diferentes que debemos afrontar, lo que nos lleva a plantearnos cuestiones relativas a los efectos emocionales que experimentaremos, así como a las posibles ventajas o inconvenientes que dichas situaciones puedan comportar.

Las preguntas frecuentes de esta naturaleza a menudo nos persuaden a permanecer dentro de los confines de nuestra zona de confort y retener el progreso, debido a la aprensión de que pueda surgir un resultado desfavorable. Como consecuencia, hemos tomado la decisión de mantener nuestra actual posición, hábitos, estilo o forma de pensar.

La adversidad frente al cambio puede ser superada comprendiendo las ventajas inherentes de tomar decisiones proactivas. A veces, podemos tener una percepción de la realidad que está infravalorada o equivocada; es imperativo que reconozcamos que nuestros pensamientos no siempre se alinean con una representación precisa de los hechos en cuestión, por lo tanto, nos corresponde realizar más investigaciones para reajustar nuestra perspectiva.

Recurriré una vez más a un ejemplo relevante con el propósito de clarificar adecuadamente la idea que pretendo comunicar:

Supongamos que un director ha sido presentado con una propuesta por parte de su equipo gerencial para adquirir un nuevo sistema administrativo que fomentaría una mayor eficiencia en las operaciones del negocio. El director en cuestión, a quien nombraremos como Sr. Torcuato, manifiesta una posición categóricamente opuesta a tomar iniciativas, dado que considera que la adquisición y puesta en marcha de tal compra conlleva un derroche injustificado de recursos tanto temporales como financieros.

El equipo de administración reconoce esta retroalimentación y decide proporcionarle al Sr. Torcuato un informe completo, destacando las ganancias y beneficios previstos que generaría el sistema antes mencionado. Según el presente informe, se desprende que, pese a que la empresa requerirá invertir un capital considerable para adquirir y hacer operativo el sistema administrativo, el mismo conllevará a una optimización del tiempo al automatizar gran parte de los procesos que se realizan actualmente de forma manual. Esta automatización repercute en un significativo ahorro en cuanto a los gastos de papel, impresiones y otros insumos de oficina, lo que a su vez se traduce en una disminución de los costos mensuales vinculados. En efecto, según la evaluación del director financiero, se prevé que el retorno de la inversión se logre en un lapso de no más de 12 meses, posteriormente generará ganancias sostenibles a largo plazo para la compañía.

El líder ejecutivo de la compañía, al contemplar los indicadores de los pronósticos, se queda desconcertado. Verdaderamente considero que es una excelente propuesta adquirir el sistema administrativo, por consiguiente, he decidido aprobar el presupuesto destinado a la compra del mismo. Este caso es una muestra representativa de una multitud de situaciones en las cuales las fuerzas de resistencia se ponen en marcha y buscan impedir cualquier eventualidad de alterar el status quo o la manera actual en la que se llevan a cabo las operaciones. Se requiere tener el coraje para concebir más allá de lo superficial. Tal y como expuse anteriormente, nuestras percepciones no siempre reflejan de manera precisa la realidad objetiva, sino que suelen estar influenciadas por sesgos cognitivos que pueden obstaculizar nuestra capacidad para lograr nuestras aspiraciones, objetivos y niveles óptimos de rendimiento.

En resumen, el paso de un estado de ineficiencia en mi productividad personal a uno de alto rendimiento implica cambiar mi estrategia actual, abandonar aquellos hábitos y actitudes que impiden mi potencial como administrador eficiente del tiempo. Según las palabras de Albert Einstein, la repetición continua de una acción esperando lograr resultados diferentes es una manifestación de la falta de inteligencia. Para lograr un desempeño sobresaliente, es imperativo para mí adoptar un enfoque novedoso, explorar herramientas innovadoras y comprometerme a adoptar una transformación constructiva en mi vida.

Inestabilidad:

No solamente tendrás que diseñar un plan de acción y llevarlo a cabo sin demora alguna, sino que deberás implementarlo diariamente. Resultaría improcedente considerar la idea de completar íntegramente mi lista de responsabilidades para el día presente y ejecutar menos del cincuenta por ciento de las tareas asignadas para mañana, ya sea por agotamiento, interrupciones o falta de planificación adecuada. Este curso de acción conllevaría un retroceso hasta los cimientos del proyecto, con el consecuente riesgo de desperdiciar los recursos dedicados y afectar negativamente nuestra confianza en nuestras capacidades y en la iniciativa en sí misma.

Una tarea esencial que sin duda le ayudará en su perseverancia hacia sus objetivos es identificar y documentar los factores que contribuyen a los momentos de inconsistencia en sus esfuerzos diarios. Resulta factible identificar la falla en cuestión mediante una breve retrospectiva de las distintas etapas que he experimentado desde el inicio del plan, con el propósito de detenerme en el punto específico en que la falencia se produjo.

Supongamos que ha iniciado una dieta con el objetivo de reducir diez kilogramos, los cuales aumentó durante sus vacaciones recientes. Para alcanzar esta meta, se ha propuesto seguir una dieta vegana por un período continuo de treinta días, teniendo en consideración que esta estrategia ha demostrado resultados satisfactorios en el pasado. Se inicia la labor el primer día del mes y durante los primeros quince días los resultados son altamente satisfactorios, lográndose productos de alta calidad en las variedades de lechuga y granos en sus diversas presentaciones. De improviso, a unos conocidos que hace tiempo que no veías se les ocurre organizar una barbacoa en un parque y tú eres el distinguido invitado. Luego de asistir al evento y después de los efusivos saludos, anécdotas y fotografiar el reencuentro con los demás asistentes, se lleva a cabo el banquete culinario. En ese momento se sirve en el plato correspondiente exclusivamente dos porciones de carne y pollo como menú principal. Todos se alimentan y celebran, mientras en ese instante se percibe que la racha ha llegado a su fin.

Indudablemente, cualquier individuo puede cometer un error fortuito y acaso no existiría gran disparidad si, durante los 15 días subsiguientes, lograras recobrar tu determinación y optaras por continuar con el régimen alimentario vegano. No obstante, existe un número significativo de individuos que ante adversidades semejantes desisten ante el primer contratiempo, en virtud de percibir un fracaso en cuanto a su compromiso consigo mismos.

Es común que esta situación tenga un impacto significativo en la autoestima, por lo tanto, es aconsejable que uno se prepare con determinación, mentalidad y resiliencia al emprender un proyecto, ya que los motivos para desistir pueden presentarse en cualquier momento. Lo crucial es que abordes cada dificultad o riesgo uno a la vez, comprendiendo que cada problema alberga la semilla de su resolución.

Con lo anterior, me refiero, a modo de ejemplo, que en caso de adoptar una dieta vegana y ser invitado a un evento culinario basado en parrillada, es recomendable tomar medidas de prevención y proponer llevar ingredientes para la elaboración de una deliciosa ensalada, ofreciendo de esta manera una alternativa apetitosa y diferenciadora a sus compañeros de mesa.

Es imperativo que mantengamos un nivel de diligencia excepcional en nuestro compromiso de lograr eficiencia no solo en el presente, sino también en el futuro próximo y a largo plazo. Es importante tener en cuenta que los primeros días presentarán un nivel de dificultad similar al aprendizaje de los primeros pasos, sin embargo, si se mantiene la constancia y se supera el punto de resistencia, se alcanzará un nivel de productividad muy elevado, logrando una mayor cantidad de objetivos en un menor lapso de tiempo, manteniendo siempre la calidad del trabajo ejecutado. De igual forma, experimentará una sensación de satisfacción más plena respecto a sus logros personales, lo cual influirá positivamente en su motivación y autovaloración.

Distracciones:

En ocasiones nos enfrentamos a circunstancias que requieren de nuestra atención, y el entorno nos comunica señales para captar nuestro tiempo y energía. Existe una continua presencia de ofertas a nuestro alrededor que buscan persuadirnos para llevar a cabo ciertas acciones. Entre las diversas opciones frecuentes, destacan las siguientes:

La atracción de comunicarse por medio de las redes sociales.

Encienda el televisor con el propósito de observar brevemente el noticiero durante un lapso temporal de cinco minutos.

Preocupaciones persistentes que ocupan con frecuencia nuestros pensamientos.

Extender una conversación más allá de lo previsto.

Me dirijo en particular a estos elementos distractores, debido a su gran seducción visual y su capacidad de alejarnos de nuestro objetivo. Sin embargo, basta con mirar a nuestro alrededor para identificar numerosos casos adicionales.

Indudablemente, no somos autómatas, sino seres humanos provistos de múltiples necesidades, incluyendo aquellas que tienen relación con el esparcimiento y la interacción social. Con efectividad, debemos otorgarnos momentos para compartir con nuestros conocidos, disfrutar de una programación televisiva de calidad o simplemente tomarnos un reposo en el diván, con el fin de reflexionar de manera desahogada y natural sobre el curso de nuestra existencia.

Sin embargo, para mejorar la productividad, es imperativo diseñar estrategias y eliminar aquellas actividades de nuestro cronograma que consumen un tiempo valioso, frustrando el logro de nuestros objetivos establecidos. Para ello, un factor crucial es el carácter y la constancia, es decir, la capacidad de mantenerse decidido a cumplir lo que se ha prometido a sí mismo sin sucumbir a ninguna distracción.

Adoptar una postura determinada y llevar a cabo las tareas establecidas en el plan, en consonancia con los criterios preestablecidos, redundará en el cultivo de la disciplina en la gestión del tiempo, una habilidad altamente valorada. Adicionalmente, fortalecerá su confianza en sí mismo al percibirse como una persona comprometida y cumplidora.

Los frecuentes momentos de ocio que nos distraen suelen surgir como consecuencia de ser demasiado estrictos con nosotros mismos e intentar realizar más tareas de forma consecutiva de las que incluso un ordenador podría gestionar, provocando que nuestro sistema se sature y busque desahogo atendiendo cualquier distracción que se nos presente..

En situaciones como estas, una técnica que resulta efectiva para minimizar las posibles interferencias consiste en programar en la agenda períodos específicos para el ocio y la recreación. Es altamente recomendable concederse un intervalo de tiempo de 15 minutos por cada hora de trabajo extenuante a fin de realizar estiramientos, disfrutar de una infusión o bien reposar en el sofá con el propósito de recuperarse de la actividad que se estaba llevando a cabo. Se desaconseja sobrepasar el período de tiempo establecido, dado que existe la posibilidad de perder el vínculo con la tarea en curso y su restablecimiento posterior requeriría esfuerzos adicionales. Asimismo, es probable que se pierda el hilo de la actividad y, de esta manera, se pierda el control de la misma.

En algunas situaciones, las interrupciones pueden surgir como resultado de una tendencia a distraerse frecuentemente, por lo cual se hace necesario asumir una actitud autoimpositiva para establecer un régimen de trabajo más riguroso, con el propósito de fomentar disciplina y adquirir un hábito renovado.

"vivimos nuestra vida como si la mortalidad no fuera una realidad".

Es factible explorar la historia y sostener con convicción que el tiempo constituye el bien más preciado que ostentamos, en virtud de que efectivamente es nuestra existencia. He empleado mi tiempo en la redacción de este libro con el objetivo de influir positivamente en tu vida. Por esta razón, expreso mi más sincero agradecimiento por depositar tu confianza en mí y dedicar tu valioso tiempo a la lectura de estas páginas. Le garantizo que velaré por este valioso bien y colaboraré con usted en su óptima gestión. Considéralo una inversión valiosa que, de ser aprovechada en tu día a día, tendrá un valor incalculable en un futuro cercano.

He establecido como punto de partida la consideración de la importancia del tiempo, ya que al comprenderla cabalmente, resultará más sencillo comprender y aplicar los demás pasos. Es importante tener en cuenta que el cerebro humano tiene una tendencia innata a evitar el dolor y buscar el placer. Por lo tanto, resulta extremadamente valioso que podamos alcanzar niveles más elevados de conciencia en relación al concepto del tiempo, de tal manera que podamos comprender de forma más profunda y generar conclusiones propias al respecto.

Considero que uno de los elementos que contribuyen a la depresión de las personas mayores cuando perciben que su tiempo ha sido desaprovechado es el hecho de que vivimos de manera despreocupada respecto a nuestra propia mortalidad. Nosotros comprendemos que la existencia es un continuum constante e inalterable. A medida que nos aproximamos a la edad avanzada, otorgamos un valor cada vez mayor a cada instante de la misma. Esta sensación inconsciente que experimentamos constantemente es el factor principal detrás de nuestra preocupación de toda la vida por cosas que no determinan directamente la calidad de vida que podemos alcanzar. Factores externos tales como un corte de energía eléctrica, congestión vehicular, tensiones políticas, una derrota en un partido deportivo, imperfecciones en la piel o las palabras pronunciadas por individuos indeseables, así como la proyección de nuestra imagen en la opinión pública, son asuntos que, en muchas ocasiones, pueden influir negativamente en nuestro estado emocional a lo largo de un día entero e incluso más, y de esta manera afectar nuestra conducta y su productividad correspondiente. Estas preocupaciones no agregan valor a nuestra vida, nos hacen perder el tiempo y desviarnos de nuestros objetivos finales. Estas inquietudes carecen de significancia trascendental que pudiera tener un efecto empírico en nuestra existencia.

De esta manera transcurre una significativa fracción de nuestro tiempo sin que tengamos una real conciencia sobre la presencia del tiempo y la ineludible cadencia que lo caracteriza. La balsa cruza, pero el río permanece. La percepción de la conciencia en el momento final de la vida puede variar según dos enfoques fundamentales: uno negativo, caracterizado por una sensación de desesperación ante el inminente fin; o bien un enfoque proactivo que energiza las acciones encaminadas en la consecución de objetivos y metas, confiriéndole sentido a la existencia. Cada una de estas interpretaciones acerca del término de la vida en términos físicos posee efectos precisos en nuestra conducta. Aquellos que tienen conocimiento de lo efímera que es la vida, comprenden que incluso el más mínimo desperdicio de segundos es inaceptable. Aquel que opta por eludir la reflexión sobre la inexorable llegada del día final, no se inquieta por el costo temporal que ello conlleva. Existe una notable disparidad entre aquellos que aprovechan cada instante y aquellos que reiteran una y otra vez las ya conocidas expresiones de "comenzaré mañana" o "algún día..."

Estoy seguro de que tras la lectura y el estudio de este libro, adquirirás una nueva perspectiva acerca de la vida. Los periodos de ociosidad se convertirán en un sentimiento de pesar, impulsándote a aprovechar cada instante de manera efectiva. La fuerza será extraída de una energía que surge de la urgencia y la necesidad por moverse.

Estoy convencido de que "las personas no actúan a menos que estén obligadas a hacerlo". Desafortunadamente, es la necesidad la que ejerce el dominio en el mundo. La reflexión sobre el transcurso imparable de los días, horas, minutos y segundos incita a la acción, pues nos insta a tomar conciencia de nuestra propia finitud. Si nos percatamos de nuestra temporalidad, adquirimos una responsabilidad. Empezaremos a ansiar emular su trayectoria, aunque nunca lleguemos a equipararnos en cuanto a rapidez. La experiencia del sueño ha evolucionado de ser un disfrute a ser percibida como una pérdida de tiempo.

Comprendo que en ocasiones mi estilo de comunicación puede resultar un tanto incisivo; sin embargo, permítanme destacar que sin un sentido de compromiso hacia el cambio y sin una motivación intrínseca orientada hacia el progreso, este libro correrá el riesgo de permanecer inactivo en una estantería, acumulando polvo y fungiendo solamente como un adorno intelectual. Además, considero de suma importancia no interpretar erróneamente el valor del tiempo como algo que deba ser comprendido a través de medios coercitivos o violentos. No obstante, es imperativo admitir que en una etapa inicial, resulta crucial contar con una llamada de atención y un sentido de urgencia (altamente motivadores) que nos impulsen hacia adelante. La mencionada necesidad evolucionará posteriormente hacia una elección deliberada, que dará lugar a la consecución de un sentimiento de complacencia.

"Lo único indispensable"

Consideremos en conjunto... ¿Cuáles serían los logros posibles si dispusiéramos de tiempo de manera ilimitada?

Indudablemente, es factible obtener recursos económicos, bienestar físico, encontrar a la persona amada, establecer numerosas relaciones, vivir experiencias inolvidables y incluso ocupar el puesto de presidente. En esencia, podríamos lograr cualquier meta, siempre y cuando tengamos la determinación necesaria para alcanzarla, teniendo en cuenta que el tiempo nos otorga la oportunidad de perseverar hasta conseguir el éxito.

Sin embargo, los hechos no respaldan esta afirmación. Es ilógico creer que la simple presencia de la voluntad, el deseo y el compromiso conducirán automáticamente al logro de nuestros objetivos. La consideración del parámetro temporal resulta indispensable para la resolución de la ecuación y la consecución del resultado deseado. Con una gestión adecuada del tiempo, podemos lograr cualquier cosa, a diferencia de otros recursos, que pueden ser limitados o escasos. Tal vez por eso los grandes íconos de la historia valoran tanto al tiempo, porque voluntad, deseo y compromiso lo tiene cualquiera, pero la posibilidad de gozar del tiempo para hacer aquello que nos llena no lo tiene cualquiera. De ahí que la presente publicación sea otorgada en particular a empresarios, quienes cuentan con el tiempo preciso para alcanzar sus objetivos, auspiciando a su vez el bienestar colectivo como el único método hacia el triunfo. Ellos no cuentan con suficiente disponibilidad temporal para satisfacer los deseos de terceras personas. No obstante, incluso si no se autodefine como empresario, los fundamentos presentados en este texto pueden ser de utilidad, aunque no se alcancen los propósitos delineados en el preámbulo.

Cada uno de los elementos más codiciados por la humanidad posee la capacidad de contribuir a la gestión del tiempo, siempre y cuando se empleen apropiadamente: por ejemplo, el recurso financiero puede invertirse para adquirir el tiempo de terceros y así evitar tareas y procesos que, de otro modo, consumirían nuestra disponibilidad temporal. En paralelo, el amor permite que nuestra existencia terrenal sea disfrutada en compañía, y si se persigue objetivos comunes, el tiempo parece aliarse en nuestro favor. De igual forma, el poder, ya sea en su dimensión política o laboral, permite delegar tareas a subordinados, liberando un precioso recurso temporal para que se invierta en otras actividades. Finalmente, la salud es un factor crítico para poder usar el tiempo con la energía necesaria.

No obstante, ninguno de estos aspectos anhelados por la humanidad tiene la capacidad de generar tiempo. En consiguiente a mi propuesta, sugiero que en lugar de enfocarnos en la búsqueda activa de bienes materiales tales como el dinero, amor, salud y poder, nos centremos en la generación del tiempo como prioridad, lo que ocasionará de manera natural e inherente que dichos bienes nos busquen a nosotros.

las razones subyacentes a una inadecuada administración de tiempo

¿Cuáles son algunas de las razones fundamentales que motivarían a un empresario o emprendedor a postergar sus actividades?

¿Por qué se desvinculan de la toma de decisiones, persiguen nuevos emprendimientos y se aventuran en nuevos negocios antes de completar sus empresas actuales, incluso aquellas con un impacto significativo en múltiples prioridades comerciales?

Examinemos algunas de las causas subyacentes y las razones detrás de este fenómeno.

1. El empresario o emprendedor presenta deficiencias en sus prácticas laborales. Dado que este suele presentar una baja velocidad en el arranque inicial

de sus operaciones. Es frecuente que incurran en impagos y pueden presentarse tardanzas prolongadas en la finalización de los proyectos, o en el peor de los casos, abstenerse de realizar cualquier labor productiva.

¿Cuáles son las posibles consecuencias derivadas de esta actividad empresarial extremadamente limitada?

La situación se ha traducido en una profunda frustración y en la completa disminución de las actividades empresariales y las ventas.

En caso de que el empresario omita una fecha límite o descuide la comunicación con sus clientes, se corre el riesgo de sufrir una pérdida financiera significativa y afectar su prestigio empresarial en términos de imagen y reputación. Esta situación resulta poco favorable para cualquier individuo que aspire a ser empresario, afectando negativamente sus proyectos a largo plazo.

Con frecuencia, quienes padecen dicha tendencia incurren en el error de postergar sus diversas obligaciones, incluyendo aquellas relacionadas con su esfera personal. En consecuencia, experimentan una perpetua sensación de desasosiego, de ahí que sufran niveles de estrés significativamente elevados y una merma considerable en su eficacia productiva.

Se afirma que el emprendedor en línea que manifiesta hábitos laborales deficientes, puede experimentar un rendimiento superior en momentos de alta presión. Realmente, esto no es así.

La creencia que mantienen es que su desempeño laboral se puede optimizar mediante la imposición de un ritmo de trabajo acelerado, lo que supuestamente engendra una efervescencia creativa notable en ellos.

Y esto, en realidad, carece de veracidad. Las consecuencias inherentes a lo anteriormente mencionado son la posible dilación en el progreso de su labor y un aumento en su nivel de estrés.

2. Experimentan una sensación constante de opresión emocional. El empresario contemporáneo que se enfrenta a la coyuntura crítica de reevaluar la gestión eficaz del tiempo puede experimentar con frecuencia la sensación de no haber logrado nunca nada.

Y lo más preocupante es que en muchas ocasiones, no se adoptan medidas ante esta situación, incluso sin considerar la posibilidad de tomar una postura más proactiva en el desempeño de las funciones o implementar decisiones para su resolución satisfactoria.

La abrumadora sensación de frustración también puede conducir potencialmente a un estado de ansiedad grave, lo que lo hace más susceptible a cometer errores significativos y costosos dentro de sus funciones profesionales.

Es un hecho ampliamente conocido que cuando una persona experimenta fatiga o estrés, se incrementa de manera exponencial la probabilidad y capacidad de cometer fallos.

Indudablemente, esta situación se agrega como una carga adicional a la sensación de opresión y al sentimiento de no haber cumplido con las expectativas. Asimismo, se observa un sentido de impotencia en lo que respecta a los emprendimientos empresariales contemporáneos, puesto que suelen aplazar sistemáticamente los planes.

En su interior, experimentan la convicción de que abstenerse por completo de emprender tarea alguna, sin importar su magnitud, podría constituir un camino más fácil.

Una vez más, este fenómeno es recurrente y puede desencadenar una reacción en cadena que tendrá un impacto directo en la empresa. La inobservancia de una actividad puede resultar en la omisión de las siguientes tareas, lo que lleva a una cadena de problemas potenciales en el proceso.

3. Ellos experimentan una presión interna que les incita a buscar la excelencia constante en todo lo que hacen. Este podría considerarse uno de los aspectos más desfavorables, o cabría incluso afirmar que constituye uno de los rasgos de personalidad negativos más comunes entre aquellos que emprenden o ejercen el liderazgo empresarial.

Resulta frecuente que experimenten presiones por alcanzar la perfección en la ejecución de sus tareas, evitando incurrir en cualquier tipo de error, por más ínfimo que sea. Dichas presiones requieren que se realicen las labores con precisión desde el primer intento, mientras se conserva la habilidad de alterar significativamente cualquier proceso y se mantiene una satisfacción incesante del cliente, buscando complacer sus exigencias y requerimientos.

Considerar de este modo resulta no sólo poco realista, sino también perjudicial e injusto para el empresario. Sería desastroso exigir de sí mismo semejante nivel de expectativas.

La idea de que el perfeccionismo deba apoderarse de uno constituye una falacia empresarial. No existe forma alguna de alcanzar la perfección absoluta, y someterse a tal expectativa indebida solo añade tensión excesiva e innecesaria.

Ellos desean concluir los proyectos pendientes, ajustarse a los plazos indicados, alcanzar todas las metas propuestas y realizar estas tareas y otras más, sin dilación alguna.

No obstante, ha sido demostrado que frecuentemente - dependiendo de la personalidad en cuestión - esta conducta únicamente conduce al punto de partida.

En consecuencia, se puede inferir que, a pesar de poder identificarse con sus actividades empresariales, la carga del estrés excesivo les impide otorgar importancia a sus actividades, lo que las lleva a rechazarlas.

Esto con frecuencia les brinda una sensación de alivio, ya que pueden persuadirse de que si no son sumamente importantes, entonces quizás no sean tan imprescindibles para su clientela.

El empresario acostumbra a diferir la conclusión de un proyecto hasta que se ajuste a sus criterios de excelencia. "Si bien esta percepción solo la valora el empresario, estas reglas no son reconocidas por sus clientes". (Usando un lenguaje y una estructura más formales.)

Indudablemente, esto ratifica el punto de que se está malgastando tiempo y esfuerzo en una dirección superflua e innecesaria.

4. El empresario es aburrido. ¿Resulta tedioso para los empresarios cumplir con sus responsabilidades laborales? Claro que sí!.

Sin embargo, no con la connotación que solemos asignarle habitualmente al aburrimiento.

Experimentan aburrimiento cuando carecen de estímulos creativos o de varianza significativa en su labor Aunque puedan experimentar pasión por sus labores diarias y hallar satisfacción en ellas, la reiteración rutinaria reduce su nivel de desafío y se torna tediosa para ellos en el largo plazo.

Por lo tanto, surge una especie de aburrimiento y gran falta de interés en los proyectos en los que están trabajando. En ocasiones, es posible que se sostenga la percepción de que los negocios contemporáneos, como las tiendas virtuales, las empresas en línea, la generación de ingresos y el emprendimiento digital, representan una alternativa viable en el mundo de los negocios. Es posible que algunos miembros de la sociedad consideren que los trabajos no tradicionales carecen de valor, lo que podría llevar a la percepción de que quienes los desempeñan son vagos.

En ciertas circunstancias, actividades cotidianas como la realización de trámites o tareas en línea, pueden prevalecer sobre las responsabilidades laborales, siendo temporalmente pospuestas para atender estas diligencias.

El individuo que emprende una actividad comercial debe abstenerse de retrasar las tareas esenciales, confiando en que estas se completen o reduzcan en duración mediante medios sobrenaturales.

Es posible que su nivel de estrés se eleve, dado que usted se encuentra compelido a llevar a cabo dicha tarea ineludiblemente, ya que de lo contrario no se llevará a cabo. Indudablemente, ello puede complejizar el cumplimiento de sus responsabilidades y repercutir en la consecución de los objetivos propuestos.

No todo puede ser considerado prioritario en la vida. Muchas cosas importantes competirán por la atención durante su vida, pero no hay suficientes horas en la vida de nadie para prestar atención a todo lo que podría ser una prioridad.

Establecer adecuadamente tus prioridades fundamentales resulta ser una práctica fundamental en el avance hacia una gestión más óptima y provechosa de tu tiempo. Tus prioridades fundamentales otorgan un método para efectuar decisiones temporales, facilitando la elección del lugar donde resulta vital invertir y en qué áreas se puede prescindir.

priorizando
La determinación de prioridades se basa en la evaluación de la importancia de

cada elemento en cuestión y en la toma de decisiones al respecto. En el contexto presente, "importante" se refiere a algo de notable trascendencia para usted. ¿Cuáles son las actividades y los roles que otorgan significado a tu existencia? Estos son los elementos que componen tu existencia en los cuales deseas alcanzar una mayor prosperidad.

No todos los aspectos de su vida pueden ser considerados prioritarios. Muchas cosas importantes competirán por la atención durante tu vida, pero no hay suficientes horas en la vida de nadie para prestar atención a todo lo que podría ser una prioridad. La identificación sistemática de tus prioridades fundamentales es un ejercicio primordial para progresar hacia una utilización más efectiva de tu tiempo. Las prioridades fundamentales que ostentas ofrecen un medio para la toma de decisiones en cuanto a la administración del tiempo, así como para discernir criterios de inversión importancia y de los lugares en los que puedes permitirte ceder.

Cotidianamente, es igualmente importante adquirir la habilidad de establecer jerarquías de tareas en función de su relevancia y urgencia. La priorización de tareas implica la realización de dos procedimientos:

Reconocer las acciones necesarias que deben ser llevadas a cabo.

Proceder a determinar la secuencia en la que se llevarán a cabo las actividades designadas.

¿Cómo se establece la identificación de las tareas a realizar? En su mayor medida, se encuentra vinculado con tus prioridades fundamentales. Con el fin de optimizar el uso de su tiempo, es necesario descartar las tareas que no se adhieren a sus prioridades fundamentales. Adquiere la habilidad de rechazar peticiones laborales que aparentan ser atractivas y pueden incluso generar una sensación de cumplimiento, pero que no armonizan con tus objetivos fundamentales.

Es importante destacar la habilidad de distinguir las labores que implican compromiso intenso y tienden a erosionar el tiempo personal. Existe la posibilidad de que diversas actividades que ocupan su tiempo diario no requieran realmente ser ejecutadas o puedan ser realizadas con menor frecuencia. La práctica de la priorización de tareas implica otorgar mayor importancia a las tareas más relevantes, sin dejarse distraer por aquellas que resultan menos significativas.

Algunas competencias resultan beneficiosas para emplear el tiempo de forma eficaz. La mayoría de estas habilidades pertenecen al ámbito cognitivo. Aunque no resulta imprescindible la completa adquisición de todas las destrezas, cada una de ellas respalda tu aptitud para efectuar una gestión efectiva del tiempo.

La noción de la temporalidad hace referencia a la capacidad de estimar con precisión la duración necesaria para llevar a cabo una actividad determinada. La posesión de una adecuada aptitud temporal puede contribuir a una planificación de actividades más realista. Contribuye a mitigar la frustración provocada por la escasez de tiempo para llevar a cabo diversas actividades.

Para mejorar sus habilidades de administración del tiempo, considere tomar notas mentales del tiempo que lleva completar las tareas rutinarias, como la preparación de la mañana, lavar la ropa o viajar por la ciudad para llevar a su hijo a la práctica de béisbol.

La fijación de metas implica la capacidad de discernir y establecer una posición deseada al término de un periodo específico de tiempo. El establecimiento de objetivos proporciona dirección a las mañanas, los días, las semanas y la vida. La práctica de evaluar las prioridades de la vida constituye un método efectivo para la formulación de metas y objetivos. Es recomendable adquirir el hábito de redactar claramente tus metas y objetivos.

Si usted es como la mayoría de las personas, las metas siguen siendo meros deseos hasta que se documentan. Se recomienda mantener los objetivos precisos y concretos, tales como el de la remoción de maleza en el exterior de la casa, en lugar de emplear términos generales como 'trabajar en el jardín'. Sostener metas realistas es fundamental para evitar una baja autoestima y una persistente sensación de fracaso.

La norma establece que es necesario adaptar sus estándares a medida que las circunstancias evolucionan. Los criterios que emplea para evaluar la calidad, la pulcritud, la estética y la ejecución de algo, son sus estándares.

Las personas con tendencias perfeccionistas suelen establecer criterios sumamente rigurosos, lo que puede dificultarles la adaptación a situaciones cambiantes o demandas imprevistas de su entorno. Adquiere la habilidad de adecuar tus criterios para alcanzar la satisfacción aun en situaciones de alta demanda de tiempo, sin sentirte deficientemente cumplido.

La gestión del tiempo implica delinear de antemano las tareas que deben realizarse dentro de un período específico. En ocasiones, la gestión temporal puede resultar sencilla mediante la elaboración de un inventario de actividades pendientes, a fin de evitar que la mente se adhiera a detalles superfluos.

En ocasiones de elevada tensión, es factible que se extienda la nómina de "Labores por completar", agregando un cronograma más detallado y preciso concerniente a la ejecución de dichas labores. Aunque el empleo continuo de una programación meticulosa puede resultar excesivamente restrictivo, constituye un método efectivo para reducir la presión durante períodos de necesidad sin precedentes.

El reconocimiento de la procrastinación representa una habilidad distintiva, ya que los individuos que tienden a procrastinar pueden realizar tareas impresionantes al ocultar esta conducta ante sí mismos. Procrastinación se refiere a la postergación innecesaria de decisiones o acciones.

Es posible enmascarar un posponimiento mediante justificaciones tales como aguardar por la debida inspiración, requerir de una extensa fas de concentración sin distracciones, o bien, necesitar una mayor cantidad de información para acometer con eficacia un proyecto.

Adquirir la competencia necesaria para distinguir entre justificaciones tardías y motivos legítimos, que permitan postergar una determinación o ejecución, sin incurrir en dilaciones en las responsabilidades correspondientes, resulta fundamental. Si uno no es capaz de identificar el instante en el que se encuentra, aplazando la acción, ciertamente quedan escasas oportunidades de superar este hábito paralizante.

construir un entorno productivo

En la generación actual de empleados, una carrera exitosa se define por algo más que una recompensa financiera. En la actualidad, se demandan ambientes de trabajo que sean superiores en calidad y efectividad. "Desde la óptica de un empleador, la implantación de un ambiente laboral productivo proveerá una ventaja significativa, ya que no sólo generaría trabajadores eficientes, sino también satisfechos y con buena salud".

Las cinco erres

Si usted es un gerente que aspira a mejorar la productividad y la satisfacción laboral entre su fuerza laboral, puede considerar utilizar la técnica de las '5 R' para fomentar un entorno de trabajo más eficaz y enriquecedor.

A continuación, se proporciona una explicación más exhaustiva de la técnica de las "5 Rs" con el fin de mejorar su comprensión.

El término "5 Rs" abarca cinco principios clave, a saber: Responsabilidad, Relaciones, Respeto, Reconocimiento y Recompensas.

Las investigaciones revelan que tales elementos revisten una gran importancia en los entornos laborales, al objeto de propiciar la máxima eficiencia y rendimiento de cada un de los miembros del personal. Déjame explicarte más.

La letra inicial 'R' significa la noción de Responsabilidad. Esta medida resulta imperativa, en virtud de que los colaboradores experimentarán una sensación de relevancia respecto al aporte que brindan al progreso de la organización. Si se les otorga la oportunidad de asumir la responsabilidad de sus tareas, es más probable que se vuelvan más cuidadosos y diligentes en la planificación y ejecución de las mismas. Esta medida les otorgaría una sensación de seguridad, lo que probablemente les impulsaría a actuar acorde a las circunstancias.

La segunda R denota Relaciones. Resulta crucial mantener la motivación del personal en la ejecución de sus responsabilidades cotidianas. En caso de que los empleados no presenten un nivel adecuado de motivación en el desempeño de sus tareas, se tendrá como resultado una disminución en los niveles de productividad. En consecuencia, resulta imperativo que los gerentes realicen los esfuerzos necesarios para establecer una relación robusta con su conjunto de trabajadores, brindándoles una experiencia laboral satisfactoria que los haga sentir respaldados y reconocidos por su contribución. Con el fin de mantener relaciones laborales óptimas, es fundamental que los administradores diseñen una estrategia adecuada que permita instruir y orientar de manera eficiente al personal, garantizando la consecución de los objetivos pertinentes.

La tercera R representa el respeto. En el ámbito laboral resulta fundamental que los individuos perciban un trato respetuoso y reconozcan su valía. En su papel de gerente, es esencial transmitir a su equipo que su aporte individual al logro de los objetivos de la empresa es altamente significativo y altamente valorado. Para lograrlo, es necesario respetar las diferencias de cada individuo para fomentar efectivamente el trabajo en equipo. Mediante la realización de esta acción, usted está concediendo la oportunidad a su equipo de replicar este comportamiento entre sus colegas, contribuyendo así a la creación de un ambiente laboral más cooperativo y beneficioso para todos los implicados.

La cuarta R significa reconocimiento". Alternativamente, "El reconocimiento se denota por la cuarta R. Es importante que se muestre aprecio hacia los empleados. El asunto no radica en la búsqueda de reconocimiento, sino en la percepción de que su aporte es apreciado en la organización, lo que les otorga una sensación de distinción. Existen diversas maneras de manifestar el reconocimiento, tales como la entrega de incentivos a aquellos colaboradores que hayan destacado por su desempeño, ofrecerles la posibilidad efectiva de desarrollarse en su carrera profesional y brindarles tareas más complejas y exigentes, sin embargo, se debe evitar en todo momento sobrecargarlos de trabajo. Asignarles una tarea estimulante que permita desplegar su máximo potencial y garantizar que, al desempeñarla, reciban una adecuada compensación.

"La quinta letra 'R' significa Recompensas". (En un tono formal, es importante usar oraciones completas y evitar contracciones o lenguaje informal). En calidad de titular de la empresa, se aguarda una rentabilidad satisfactoria de la inversión correspondiente. Igualmente, se presenta tal situación en relación con sus trabajadores. Al planificar para el equipo, es necesario prestar especial atención a las retribuciones.

La filosofía de 'Diez minutos'.

El futuro es un estado al que todos accedemos a una velocidad constante de 60 minutos por hora, independientemente de nuestras acciones o nuestra identidad.

- C. S. Lewis.

El emprendedor y conferencista motivacional Jim Rohn está convencido de que los verdaderos cambios en la vida están manejados por la filosofía personal. Ha tomado conciencia de que su trayectoria vital está íntimamente ligada a sus actitudes y creencias. Durante su juventud, Jim atribuía sus fracasos a terceros y circunstancias ajenas, lo cual conllevó a un estilo de vida caótico. Una vez que modificó su perspectiva y asumió el compromiso de forjar su propio progreso, experimentó un estado de felicidad y logró una situación financiera próspera. De hecho, se produjo un cambio inmediato en estas circunstancias.

Comparto este ejemplo debido a que dicha creencia representa un pilar fundamental en mi perspectiva filosófica.

La gestión efectiva del tiempo es una responsabilidad a lo largo de toda la existencia. Mientras se encuentre en vida, siempre deberá gestionar adecuadamente su tiempo. Este es uno de los pocos factores que compartimos universalmente. Earl Nightingale afirmó acertadamente que el tiempo avanzará inexorablemente, por lo que nos corresponde utilizar sus momentos de paso lo mejor que podamos.

Aprender a gestionar el tiempo de manera efectiva requiere de cualidades valiosas como la perseverancia, la paciencia y un compromiso sólido. Tal como se evidencia en la historia de Jim Rohn, estas habilidades deben surgir de la esencia intrínseca de la persona. Es imperativo que desarrolles una filosofía personal con el fin de purificar y manifestar esas cualidades inherentes en ti. Dispongo de una filosofía personal que me permite iniciar cada día con renovada pasión y voluntad, y tengo la firme convicción de que podría resultarte sumamente provechosa. A partir de mi experiencia, puedo afirmar rotundamente que una práctica continuada y consistente conduce a resultados.

Poseo este conocimiento debido a mi aplicación diligente de esta norma en todas las esferas de mi existencia. Cada día, me dedico a realizar actividades concretas, destinando un tiempo de 10 minutos para cada una de ellas en un compromiso constante. Continúo mi seguimiento de los resultados, observando su próspero desarrollo. Puedo observar los efectos positivos en varios ámbitos, tales como la salud física, la economía personal, el aprendizaje y las relaciones interpersonales. En mi opinión, considero que se trata de un principio generalizable y válido para todas las áreas de la existencia.

Mayor es la acción emprendida, mejores serán los resultados obtenidos, dentro de ciertos límites. Observa el siguiente diagrama:

El patrón exhibido en la gráfica superior es comúnmente conocido como la "distribución normal" en el contexto de los análisis de probabilidades. En el campo de la estadística, esta afirmación es ampliamente aceptada y considerada una verdad de gran importancia, comparable en su relevancia al número pi en las disciplinas matemáticas. De la misma forma en que el valor de pi se encuentra presente en varias ecuaciones que describen la edificación del universo, la distribución normal puede ser empleada para describir diversos criterios, como el Cociente Intelectual (IQ), la altura y peso de los individuos pertenecientes a una comunidad, por mencionar algunos ejemplos. De acuerdo con el Teorema Central del Límite (TCL), el valor promedio de una muestra suficientemente grande de variables aleatorias se aproxima a una distribución normal. En el vasto y complejo mundo en el que vivimos, prácticamente todo puede ser expresado a través de una vasta recopilación de información. Si desea adquirir más conocimientos sobre TCL, consulte esta presentación fácilmente comprensible (en inglés): http://askville.amazon.com/Central-Limit-Theorem-apply-statistics-life/AnswerViewer.do?requestId =7620607.

Considero que la distribución normal puede igualmente caracterizar la conexión entre el tiempo empleado para realizar un esfuerzo y los logros alcanzados. Incluso la más mínima inversión de tiempo y esfuerzo produce resultados significativos. Conscientemente uso unos pocos minutos de mi día en realizar planeación financiera. Las tareas financieras mensuales asociadas con la gestión de mis finanzas, que incluyen resumir mi presupuesto, realizar un seguimiento de los pagos, asignar mis recursos a varios activos y otras, requieren aproximadamente dos horas de mi tiempo al mes. Esto equivale a sólo cuatro minutos por día. La fragmentación del esfuerzo diario en una tarea ha generado resultados notables, en tanto he logrado acumular un ahorro cinco veces mayor al que había alcanzado durante el año previo.

Como podrás observar, la distribución normal exhibe un vértice en el cual se alcanza su máximo y, posteriormente, decae progresivamente. Este hecho evidencia una verdad adicional, que se corresponde con el principio económico conocido como la Ley de los Rendimientos Decrecientes. De acuerdo con la Ley de rendimientos decrecientes, aumentar la entrada produce una mayor salida, pero solo hasta cierto umbral. Supongamos que usted es un entusiasta de los vehículos automotores y ha anhelado adquirir un Ferrari. Por consiguiente, usted trabaja arduamente, ahorra diligentemente y, en última instancia, logra adquirir un Ferrari. Seguramente sentirás un gran orgullo de tener tu propio, brillante y rojo Ferrari nuevo; gozarás manejarlo, verlo en tu garaje, y de ir a reuniones con otros dueños de Ferraris. Supongamos que adquiere un enorme interés por el tema y continúa adquiriendo vehículos Ferrari hasta poseer un total de veinte unidades. En esta instancia, el grado de satisfacción obtenido en la adquisición del vigésimo Ferrari, no será equiparable al experimentado al momento de comprar el primer o segundo vehículo de la marca.

Parece que el esfuerzo se adhiere al mismo principio. Para cada actividad existe un punto de eficiencia ideal en el que se puede obtener el máximo provecho del tiempo invertido en ella. Cada actividad u objetivo tiene un punto único en el que ocurre de manera óptima, y determinar ese punto implica un cierto nivel de experimentación. Existen diversas justificaciones para lo anterior mencionado. En determinados escenarios, el ápice de la rentabilidad se alcanza al lograr la optimización plena o culminar exitosamente una labor en su totalidad. En algunas instancias, es posible que experimentes un lapso continuo de concentración y orientación antes de enfrentar una dificultad que interrumpe tu concentración y vigor. En todo caso, si se intenta mantener el trabajo después de haber alcanzado el punto óptimo, se corre el riesgo de que se presenten deslizamientos y se pierda eficacia.

Por consiguiente, ¿cuál es el concepto detrás de la filosofía de breve duración de diez minutos? Mi investigación ha revelado que un periodo de 10 minutos resulta sumamente conveniente y accesible. Con un compromiso diario sostenido de incluso dos minutos, se pueden observar resultados significativos en el asunto en cuestión. Indubitablemente, si se dedicaran solo dos minutos, las consecuencias obtenidas serían de menor envergadura; el efecto cumulativo requeriría aproximadamente 50 veces más tiempo para manifestarse en comparación con la dedicación de 10 minutos diarios.

Cualquier acción sostenida, por pequeña que sea, conducirá a resultados deseables.

Esta verdad es el núcleo de mi filosofía. Este enfoque invariablemente supera los dos principales impedimentos para cualquier cambio duradero: el miedo al fracaso y el abandono. El temor al fracaso es un obstáculo que impide que se inicie una acción; el abandono posterior a la iniciación detiene el avance en algún punto, pero con frecuencia antes de que los resultados colectivos se hagan evidentes.

Cada acción produce resultados a su debido tiempo. Siempre y cuando se aplique una energía constante y sostenida a un tema, es imposible fracasar. No hay motivo alguno para que usted sienta temor. Usted puede dar inicio a la consecución de sus objetivos sin verse afectado por la carga de incertidumbres y fluctuaciones.

Si uno reconoce que toda acción sostenida produce resultados, entonces la rendición queda incuestionablemente fuera de la ecuación, y todos los incentivos para renunciar se desvanecen.

De hecho, uno puede preguntarse, 'Comprendo la teoría, pero ¿cómo es relevante para mi vida?' Estoy de acuerdo. Teorizar no da resultados; no fueron anécdotas o sermones de otros que me llevaron a abrazar esta filosofía. Fue mi propia experiencia.

Con el fin de experimentar en profundidad la naturaleza universal de esta ley y su aplicabilidad en tu vida, te solicito realizar un breve ejercicio. Te recomendamos que dediques un momento de tu tiempo a reflexionar acerca de algún ámbito de tu vida en el que hayas logrado alcanzar el éxito. Es factible que cualquier aspecto de tu vida, ya sea tu estado matrimonial, una habilidad particular, una profesión, que hasta la fecha no hayas sufrido ningún percance vial, un rendimiento académico sobresaliente, una relación armoniosa con tus progenitores, entre otros, pueda constituir un ejemplo idóneo para este ejercicio. Se trata de aquello que quizá das por sentado pero que terceros valoran en ti. Por tanto, le insto a reflexionar y considerar una variable fundamental: ¿Cuáles son los factores determinantes de su éxito en dicha área? ¿Cuál es la distinción entre usted y aquellos que lo elogian por esa razón? Es altamente improbable que consigan éxito en llevarlo a cabo. Cuál es su especialidad o habilidad que les permite destacarse de los demás?

Estoy convencido de que descubrirás una serie de acciones sostenidas que respalden tu éxito.

Asumo como seguro el amor que mi familia me brinda. No había percatado de que poseía cualidades sobresalientes hasta que mis recién adquiridos connacionales virtuales atrajeron mi interés a través de sus comentarios en mi bitácora personal. Lo pensé un poco y descubrí que lo he realizado mediante acciones sostenidas. Comunico a mi cónyuge e hijos mi amor diariamente y procuro dedicar tiempo periódicamente para compartir con ellos. Esto es en una única ocasión dentro del marco de esta legislación. He logrado observar numerosos hitos en mi trayectoria, tanto significativos como menores, tales como mi certificado de finalización de la educación secundaria, la prestigiosa beca otorgada para mi último año universitario, y mis progresos en mi capacitación en entrenamiento físico individual.

Si se observa detenidamente, se pueden identificar ejemplos ilustrativos de cómo esta situación se refleja en su estilo de vida personal. La incorporación de esta filosofía en su rutina diaria dará como resultado un cambio significativo en la forma en que aborda sus tareas y administra su tiempo.

La elección de denominar esta serie como "Cómo transformar su vida en 10 minutos diarios" no es por casualidad. Dentro de cada libro, imbuyo al menos una técnica fundamental que se puede realizar en 10 minutos o menos por día y produce transformaciones óptimas para cada dominio distinto. Estas técnicas resultan eficaces, aun para aquellos empleados, padres o emprendedores con agendas particularmente apretadas.

Nos embarcaremos en la exploración de la gestión del tiempo específicamente en el capítulo 4, sin embargo, no sería factible hacerlo sin discutir primero la motivación; sería como renunciar a un ingrediente esencial.

Capitulo dos. Parálisis por Análisis

Podría por favor suministrarme información acerca de la condición médica denominada "parálisis por análisis"?

En un sentido preciso, la Parálisis del Análisis se refiere al error común de algunos proyectos en los cuales la implementación o el desarrollo de prototipos nunca se inicia debido a que el proyecto se ve atrapado en una fase constante de análisis previo. Apuntar a la perfección finalmente no produce resultados tangibles.

Para resumir lo anterior: Tendemos a dedicarnos a la contemplación y el análisis excesivos, sin dejar espacio para la acción y obstaculizando nuestra capacidad para lograr nuestros respectivos objetivos.

Si ha experimentado dificultades en su desempeño pasado, le recomendamos dejar atrás esos sucesos, especialmente aquellos que hayan sido negativos. Dado que dichas situaciones constituyen un impedimento a la plena vivencia del presente y potencialmente conllevan un riesgo de creciente perplejidad.

Es importante señalar que el acto de analizar no resulta perjudicial; sin embargo, durante dicho proceso es fundamental adoptar un enfoque positivo y proactivo a fin de obtener un resultado óptimo y concreto. Dado que la manifestación de pensamientos negativos propicia inequívocamente el incremento de la ansiedad y, concomitantemente, da lugar a un ciclo vicioso de pensamientos perjudiciales.

Llega un momento en el cual persistir en la deliberación y en el deseo de contemplar una gran cantidad de particularidades, nos conduce a experimentar.

Afrontamos diversos obstáculos en el desarrollo de nuestras tareas, lo cual ha impactado negativamente en nuestro progreso.

¿Cuál es la causa subyacente de esta situación?

En ocasiones, la razón subyacente puede radicar en el temor al fracaso que desemboca en una actitud meticulosa en cuanto a los detalles o la creencia infundada de nuestra propia falta de aptitud. Asimismo, podemos experimentar la necesidad de desplegar un rendimiento óptimo sin saber por dónde comenzar. La excelencia, en la mayoría de las circunstancias, conduce a una gran consecución.

Nuestra anticipación respecto a la consecución de nuestros objetivos, lo que en consecuencia determina nuestra capacidad para concluir con éxito el proyecto.

Te has cuestionado cuáles son los obstáculos que te impiden avanzar?

Reflexione acerca de su condición actual y sus aspiraciones futuras. Quizás posea usted un conocimiento previo acerca de sus objetivos, aunque quizá no se encuentre seguro de cómo dar inicio a las acciones necesarias para alcanzarlos.

Un segmento significativo de la población se abstiene de tomar la iniciativa en muchas facetas de la vida debido a la preocupación por las percepciones externas, el miedo a embarcarse en nuevas empresas y una renuencia general a asumir riesgos calculados; en consecuencia, el progreso sigue siendo esquivo. Colmamos nuestro intelecto, espíritu y emociones con elementos que, en lugar de ser benéficos, constituyen un impedimento cada vez más acentuado en nuestra cotidianidad.

Es hora de pasar del análisis a la acción en tu vida. En caso de obstáculos y contratiempos, es esencial permanecer firme y continuar perseverando hasta lograr el resultado deseado.

Consideremos cuál sería el impacto en nuestras vidas si persiguiéramos nuestras pasiones sin temor al fracaso y, en caso de no alcanzar nuestro objetivo, tomáramos dicha experiencia como valiosa lección de vida.

Zona de confort.

Dentro de la disciplina de la psicología, se define la zona de confort como una condición del comportamiento humano en la cual se opera en un estado de "ansiedad neutral", valiéndose de distintos patrones conductuales para alcanzar un nivel consistente en el desempeño sin percibir sensación de riesgo.

Usted posee ambiciosos ideales y anhelos, con altas aspiraciones tanto personales como dedicadas a su entorno social. Sin embargo, estos meramente existen subyacentes en el plano del pensamiento, en lugar de materializarse mediante un esfuerzo consciente y disciplinado. En resumen, te encuentras en tu estado de comodidad establecido.

Esta descripción le provoca una reflexión?

Si ese es el caso, la solución es bastante simple: tomar acción, dar el primer paso, involucrarse en actividades novedosas, asumir riesgos, aceptar la posibilidad de cometer errores y evitar adherirse obstinadamente a lo que ya se sabe o se ha hecho.

Expandir nuestra zona de confort es un esfuerzo desafiante, ya que a veces podemos experimentar falta de motivación, ambigüedad en nuestras aspiraciones y, para complicar las cosas, sucumbir a un grado significativo de complacencia.

Si esta es su situación actual, tenemos noticias optimistas para transmitir: de hecho, existe una solución viable. Entabla relaciones con individuos novedosos que te impulsen hacia el progreso, que te brinden ánimo y asistencia para reconducirte en caso de tropiezos. Al hacerlo, no solo te están ayudando, sino que también estás adquiriendo conocimientos y contribuyendo al logro de las metas de los demás.

¿Cuál es la estrategia para superar la Parálisis por Análisis?

El paso inicial debe implicar alcanzar un estado de relajación, dándose cuenta de que mientras se examinan las circunstancias para iniciar un proyecto, se pueden tomar medidas inmediatas. Las herramientas necesarias para comenzar la empresa siempre estarán a su disposición, fácilmente disponibles para que las examine e implemente en el momento adecuado.

Al implementar su plan de acción, es recomendable llevar a cabo los pasos de manera secuencial y evitar el análisis de múltiples aspectos simultáneamente. Cada paso en un proyecto es crucial para lograr el objetivo final, por lo tanto, debe ejecutarse meticulosamente con atención a los detalles.

Seleccione la prioridad de la adquisición y aplicación del conocimiento indispensable para la culminación exitosa de su proyecto. La premisa consiste en aplicar con prontitud cualquier conocimiento adquirido. Contingente a la condición de que continúes implementando eficazmente todas las estrategias adquiridas, tus objetivos y metas serán alcanzables. Por tanto, te asegurarás de estar en una trayectoria adecuada y no te verás afectado por la inactividad producida por un análisis excesivo.

Es importante establecer una estructura organizada para cada proyecto emprendido, adquiriendo conocimiento de las etapas secuenciales necesarias para el desarrollo del mismo. Por ejemplo, si no tiene los recursos financieros para invertir en publicidad, sería recomendable no gastar su tiempo y esfuerzo en un concepto que no se puede implementar de inmediato. Utiliza las herramientas a tu disposición para embarcarte en tu proyecto y evita fijarte en lo que te falta actualmente.

Optimiza cada instante de manera efectiva y agudiza tu capacidad de discernimiento para identificar oportunidades de aplicación inmediata, lo que te permitirá prevenir la parálisis por exceso de análisis.

Por último, con un enfoque riguroso, dedique su atención al dominio exhaustivo de un tema específico, evitando cualquier desviación temática, hasta completar los pasos necesarios de su proyecto antes de abordar el estudio de otras cuestiones.

Dirija su enfoque y emprenda acciones efectivas en su proyecto, evitando prolongar el análisis excesivamente, puesto que no conduce a resultados tangibles.

cómo evitar la procrastinación

¿Cómo combatir la procrastinación? A continuación, se presentan siete sugerencias prácticas que pueden ser de utilidad para iniciar la batalla contra la procrastinación:

Por favor, cesa tus pensamientos en este momento. Empiece a actuar. Engañarse a sí mismo resulta inevitable si se persiste en el hábito de planificar actividades sin emprender acciones concretas. Tal vez esto te resulte familiar: te encuentras incapaz de dejar de pensar en un asunto en particular, meticulosamente planeas cada detalle y aguardas pacientemente hasta que todas las condiciones sean óptimas. La planificación proporciona una sensación de dominio y certeza: sin equivocaciones, sin contratiempos, sin obstáculos. De hecho, cada instancia de aplazamiento de lo que debe lograrse da como resultado la confiscación. Sólo empieza.

No conviertas un asunto trivial en un problema mayor. La consideración excesiva de un compromiso en vez de abordarlo de manera directa resultará en su magnificación. Con cada día en el que se reflexiona y no se procede, el compromiso se intensifica hasta el punto en que resulta irrealizable. Elabore una estrategia fundamental y proceda en consonancia con la misma. En ocasiones, puede prescindirse de la elaboración de planes. Posees un conocimiento preciso de las tareas a realizar. Por lo tanto, le sugiero abandonar la reflexión excesiva y dar inicio a la ejecución de las mismas.

Concéntrate en abordar el primer paso. Al establecer un objetivo, la contemplación de la magnitud del trabajo a realizar puede inducir a un estado emocional de desesperación. Un exceso de tiempo dedicado al estudio, una cantidad excesiva de análisis por realizar, y un excesivo número de responsabilidades académicas. ¿Cuál es nuestra respuesta inicial en estas situaciones? En efecto, esperemos acontecimientos en el mundo. Por favor, aguarda un momento mientras respondo a mi amigo en Facebook y reviso mi correo electrónico. etc. Para evitar caer en esta trampa, es imprescindible centrarse en el presente y dar ese primer paso crucial. Una vez superada esta inercia inicial y comenzado el camino, el progreso debería ser más fácil. Una vez alcanzado este punto, es necesario dar paso al siguiente hito, de manera secuencial, con miras a llegar hacia la meta final.

La tarea más ardua reside en el comienzo. Comenzar con las tareas más complejas constituye una técnica eficaz de administración del tiempo, así como una herramienta sobresaliente para contrarrestar la tendencia a postergar las acciones. Ya sea la dedicación al estudio de un capítulo, la culminación del redactado de un informe especialmente complejo o la realización de una importante llamada telefónica, es aconsejable enfocar la atención en estas tareas prioritarias a primera hora del día. Trágate el sapo. Empezar por enfrentar las tareas más desafiantes te brindará una sensación de bienestar y te permitirá tener un desempeño triunfante durante el resto del día.

Por favor, tome una decisión. La procrastinación se origina en un desacuerdo entre tus pensamientos y tus acciones, o en la falta de estas últimas. Si bien la mentalidad positiva puede resultar beneficiosa, su verdadero fortalecimiento de la autoestima depende exclusivamente de acciones prácticas. Cada vez que uno realiza una acción o toma una decisión, está enviando una señal inequívoca a sí mismo de que es una persona que actúa. No hay nada más efectivo para aumentar la autoestima propia.

Enfréntese a sus temores. Es fácil vivir en un mundo imaginario donde nuestros deseos se hacen realidad sin esfuerzo; es mucho más complejo tomar la iniciativa y hacer realidad esos sueños. En efecto, hay siempre una probabilidad de experimentar situaciones embarazosas, cometer equívocos, perder y pasar por dificultades. No obstante, la sensación de confianza experimentada al evitar asumir un compromiso jamás podrá equipararse al pesar de haber perdido la oportunidad.

No tomes cautivos. Una gran proporción del estrés presente en nuestras vidas está asociado con las interrogantes que no tienen una respuesta definitiva. Aunque quizás no tenga conocimiento de tal situación, es probable que exista algún asunto pendiente que le esté agotando tanto a nivel mental como físico en estos momentos. No es recomendable hacer cautivos; es importante honrar tus compromisos y llevarlos a cabo en su totalidad. Esto no implica necesariamente que debas culminar toda tarea que emprendas, ya que resultaría poco pragmático. Si se encuentra leyendo un contenido desagradable, le instamos a que continúe; si la película que ha iniciado es sumamente tediosa, le sugerimos cambiar el canal. Si adquieres la habilidad de completar exitosamente aquellas tareas de mayor relevancia que inicializas, el concepto de procrastinación se desvanecerá de tu vocabulario.

¿Y usted? ¿Sufres de procrastinación? ¿Sigues posponiendo tu agenda? No pospongas!

El diseño del sistema de gestión del tiempo debe ser concebido de manera que resulte provechoso para un individuo, específicamente hacia uno mismo. Usted se convertirá en su propio diseñador y ajustará estas recomendaciones para que se adapten de manera efectiva a su estilo de vida particular. El hecho de que una sugerencia o estrategia para administrar el tiempo haya sido avalada por el gerente de una empresa multinacional no implica una garantía de éxito para individuos de diversos ámbitos, como los profesionales de atención de emergencias médicas o los estudiantes que trabajan.

Que una persona con múltiples ocupaciones y personal a cargo mencione su manera exitosa de distribuir su tiempo no garantiza que esa será una herramienta apropiada para ti, que —tal vez— tienes menos responsabilidades. En contraste, es importante considerar las orientaciones de un especialista en motivación, incluso si se perciben como vagas y no aplicables en todos los contextos individuales.

Se sugiere que se proceda con la lectura detallada del compendio de información presentado en este contexto, seguida de un riguroso proceso de análisis y aplicación en la vida cotidiana, con el fin de evaluar su efectividad. En todo caso, aseguramos que una gran cantidad de ellas lo serán, ya que la esencia del sistema se fundamenta en los preceptos de la psicología conductista, referentes al comportamiento humano, y en el ámbito emocional existe una confluencia universal entre todos los individuos. No son solo experiencias de vida de otras personas, sino también teorías médicas que han estudiado las reacciones psicológicas del individuo hacia los factores externos.

Posterior a la exposición previa, conviene destacar que el rasgo más relevante del método de administración del tiempo es que, en ningún caso, te forzará a ejecutar actos que menoscaben tu salud o tu bienestar.

Si la planificación exterior domina el proceso, se corre el riesgo de que se priorice la obtención del objetivo a expensas de las necesidades de los ejecutores, como el descanso, la recreación y la atención familiar. Un ejemplo altamente palpable se presenta en el contexto de una audiencia judicial, en donde se prohíbe al jurado regresar a su domicilio a fin de garantizar la emisión de un fallo justo, imparcial y expedito.

En el evento del cese administrativo de una corporación, los empleados están obligados a laborar horas adicionales y restringirse en su consumo alimenticio durante el periodo de contingencia.

Su sistema de gestión personal del tiempo no debería ser de esa manera. El método ha sido diseñado por usted y para usted, por lo tanto, se espera que usted sea el principal beneficiario de sus resultados. Debido a lo expuesto anteriormente, es de suma importancia que jamás se antepongan las necesidades básicas como la alimentación, el descanso, el esparcimiento y el cuidado del hogar y la familia.

En un primer momento, es preciso descartar categóricamente la noción de que el trabajo nocturno o la prolongación excesiva de la jornada laboral, asociados a una larga permanencia en el escritorio sin actividad física o con fatiga acumulada, redunden en un ahorro de tiempo. Es mentira. Incrementar la intensidad de tus tareas no resultará en el logro de tu objetivo; en cambio, la planificación adecuada sí te permitirá alcanzar el mismo.

En segundo término, si se alimenta de manera incorrecta, adquiere su almuerzo en lugares no adecuados o, aún peor, prescinde de la comida, no logrará alcanzar su objetivo previo. No obtendrá una gestión de tiempo efectiva mediante la supresión de las comidas; en cambio, consumir alimentos saludables y nutritivos mejorará significativamente su calidad de vida.

Además, renunciar a las propias preferencias, aficiones y relaciones familiares para alcanzar objetivos personales o profesionales acabará siendo infructuoso. Si te sientes desanimado, desalentado, contrariado o separado del círculo cercano, será difícil alcanzar tus objetivos; no obstante, si te enfocas en establecer relaciones armoniosas que requieren el tiempo adecuado y el bienestar emocional que implica el descanso, entonces conseguirás tus metas.

En cuanto a la correlación entre el tiempo y el bienestar, es bastante fácil pasar por alto este último ya que no hay una entidad externa que enfatice su importancia. Por lo tanto, corresponde a ti llevar a cabo dicha tarea de manera autónoma. Consumir alimentos adecuadamente es igual de relevante que cumplir con la entrega oportuna de los informes exigidos por el coordinador.

Considera la necesidad de mantener una alimentación adecuada, como si estuvieras sujeto a una evaluación posterior de tus niveles de colesterol y triglicéridos por parte del coordinador.

Si se desempeña en un trabajo externo, es importante asignar un tiempo diario y semanal para la preparación de alimentos en el hogar. Seguramente, si tienes niños o familiares a cargo, de cuya salud te preocupas, estarás siempre pendiente de ofrecerles una dieta balanceada.

No madre responsable permite que sus hijos acudan a la escuela sin llevar consigo sus alimentos correspondientes. Por lo tanto, si el sentimiento de cariño y cuidado hacia los demás es el factor que te impulsa a dedicar un tiempo cotidiano a la preparación de alimentos y la adquisición de suministros de manera consuetudinaria, ello sugiere que eres igualmente capaz de hacer lo propio por ti mismo. Únicamente resta otorgarle la debida importancia, conforme a lo establecido.

Siempre se puede encontrar tiempo para lo prioritario. Por lo tanto, te insto a categorizar tus proyectos como prioritarios, como si su ejecución fuera vital para asegurar tu continuidad laboral.

Además, si trabaja en un lugar fijo, asigne importancia al ritual de la hora del almuerzo, así como a participar en refrigerios saludables que lo mantendrán mental y físicamente alerta. La práctica de ingerir alimentos en el sitio laboral y no realizar alguna actividad física posterior para facilitar la digestión, ingerir varias dosis de café cuando se experimenta fatiga o solucionar los episodios de hipoglucemia con alimentos azucarados, puede ser perjudicial para la salud.

Planifique la adquisición de cereales, bebidas de infusión, frutas frescas o deshidratadas, yogur, y otros alimentos relevantes, y asegúrese de tenerlos a su disposición en su lugar de trabajo. De igual manera, sería recomendable que adoptes la práctica de dar un breve paseo después de consumir tu almuerzo, quizás en algún pasillo dentro de las instalaciones de tu lugar de trabajo. Asimismo, si te es factible, evita comer en tu área de trabajo.

Procure seleccionar un entorno placentero, ya sea en un espacio de comedor adecuado, una plaza cercana, o algún parque idóneo, con el objetivo de compartir y revitalizar su mente y organismo antes del inicio de la sesión vespertina en compañía de sus colegas.

Para una cantidad significativa de individuos, la mañana puede en general ser un período de dificultad. Teniendo en cuenta que nos hemos acostado fatigados, existe la creencia de que el reposo nos permitirá afrontar las tareas con celeridad, lo cual suele presentarse como una suposición errónea.

Realizar la preparación de las comidas personales o de la familia, planificar y cocinar el atuendo para la jornada, limpiar adecuadamente la cocina, asearse, pasear al canino, organizar los elementos requeridos para la jornada laboral, representan tareas arduas que exigen una considerable dedicación y manutención, antes de abandonar el recinto.

La mayoría de los individuos experimenta una disminución en su capacidad intelectual al término del día, en comparación con la mañana tras haber descansado. Por consiguiente, sería aconsejable postergar aquellas tareas que no demanden un esfuerzo cognitivo, dejándolas para el anochecer, a fin de optimizar el tiempo matutino.

Un ejemplo de ello sería que resulta poco recomendable asistir a los niños con sus labores escolares en horas nocturnas. Es probable que el progenitor experimente fatiga y que el infante se encuentre distraído. Por lo general, al arribar a la vivienda, la prioridad es la elaboración del banquete nocturno.

Sería recomendable aprovechar este momento para llevar a cabo una tarea mecánica como la de atender la cocina, a medida que se va guiando a los hijos menores.

Preparar el atuendo y los accesorios para el día siguiente constituye una tarea que exige un esfuerzo cognitivo mínimo, especialmente cuando se ayuda de una lista de verificación preestablecida que enumera los elementos que se incluirán. Tan solo ha de dar seguimiento a los pasos previamente registrados y anotados mientras su mente se encontraba en un estado de reposo.

La mañana no debería ser un periodo de desorden. En caso de haber sacado provecho de la noche, es plausible considerar la opción de madrugar como una medida adicional para facilitar su desempeño. Numerosos individuos altamente exitosos en la gestión del tiempo recomiendan practicar meditación durante estas instancias, como una forma de recargar su energía positiva para afrontar el día venidero con calma y enfoque adecuado.

Algunos incluso optan por aprovechar ese momento para adelantar una hora en su propio trabajo personal, tal como por ejemplo los escritores o compositores. De este modo, experimentan una sensación de productividad desde el comienzo del día lo cual les impulsa a mantener ese mismo nivel.

Aquellas personas que consideren que su rutina actual no permite tal cambio, deben esforzarse por fomentar un proceso de despertar tranquilo y gradual, imbuyéndose así de energía revitalizante. Un desayuno nutritivo, una actitud mental positiva hacia el día siguiente, la salida oportuna al trabajo en coordinación con la familia y evitar la angustia causada por los retrasos, son indicativos de un día favorable por delante.

Existen individuos cuya propensión natural o circunstancias laborales específicas, como en el ámbito de la prensa o salud, les llevan a invertir su ciclo de actividad y permanecer altamente activos durante la noche.

Esta situación no es común, ya que el ritmo circadiano del cuerpo se sincroniza con el ciclo diario de luz y oscuridad (más luz significa más energía, mientras que menos luz implica menos energía). Si este es tu caso, te sugiero que intentes ajustar lo más posible tus horas de sueño a las habituales y aproveches tus momentos de alta energía para avanzar en aquellos proyectos que requieran de tu máxima capacidad.

En caso de presentar una mayor letargia durante las primeras horas del día, se sugiere reservar dicho periodo para la realización de actividades rutinarias, dejando para la tarde y noche labores que requieran reflexión y mayor capacidad cognitiva. Es importante recordar que el cuerpo humano requiere un período de relajación previo al descanso.

Se recomienda siempre respetar y mantener la cantidad de horas recomendadas de sueño sin omitirlas ni reducirlas. La tentativa de trabajar durante la noche disminuye su capacidad y equivale a una reducción en el número de horas dedicadas al trabajo. De este modo, no hay beneficio alguno al privarse de las horas de sueño, pensando que esto acelerará el avance del proyecto en cuestión.

Observe que en esta sección no se han abordado tanto las metas que ha planificado para su vida; en cambio, se enfatiza en todas aquellas actividades que aseguran nuestro bienestar personal y en el hogar: la preparación de alimentos, la limpieza, el lavado de ropa... Si bien estas necesidades simples deben llevarse a cabo, no son una fuente de alegría, pero sí pueden generar problemas si no se realizan adecuadamente.

Es importante tener en cuenta la necesidad de ejercer disciplina en la implementación de esta rutina tanto a nivel personal como familiar. Incumplir esta norma puede generar repercusiones negativas en otras áreas de tu vida. Es importante tener en cuenta que se debe asignar un tiempo adecuado e invariable a cada actividad. Por lo tanto, se sugiere seleccionar cuidadosamente el momento propicio durante el día y la semana para dedicarse diligentemente a cada tarea. Siguiendo esta práctica, será posible tomar la iniciativa para abordar otras responsabilidades de mayor relevancia.

TODO TIENE UN MOTIVO

Indudablemente es cierto, tal y como mencioné en el prólogo, que la creación de la medida del tiempo se ha realizado con el propósito de mejorar nuestra vida mediante el logro de una mayor serenidad, organización y facilidad de manejo. En efecto, es un hecho que la mayoría de los individuos experimentamos niveles elevados de estrés y caos en nuestro día a día.

Existen individuos que, al momento en que el reloj despertador emite su sonido, se disponen a levantarse de manera muy similar a cómo los deportistas reaccionan al escuchar el pistoletazo de salida en el inicio de una competición deportiva.

Todo se caracteriza por una actitud apresurada y una sensación de urgencia constante. Los que tenemos hijos somos conscientes de que la frase más pronunciada cada mañana no es "buenos días", sino "vamos que se nos hace tarde".

¿Qué está pasando? ¿Cuál ha sido el proceso que nos ha llevado a esta coyuntura?

Si realizamos un análisis retrospectivo y retrocedemos algunos siglos, resulta complicado concebir a nuestros antecesores desempeñándose agitadamente y sin margen para cumplir con sus quehaceres, sumidos en el estrés. Estos individuos poseían idéntico intervalo de veinticuatro horas que nosotros actualmente, así como llevaban a cabo grandes emprendimientos y ocupaciones comunes a cualquier persona.

Si afirmo que sostener una vida sometida a estrés ininterrumpido conlleva consecuencias negativas para el bienestar físico y mental, no estoy haciendo una aportación novedosa. Sin embargo, fingimos ignorancia del asunto. Nuestra respuesta frente a dicha información es análoga a la de un individuo que conscientemente fuma, aun sabiendo que el cigarro le causa perjuicios.

Como no somos capaces de encontrar una solución, persistimos en perder el tiempo y someter inconscientemente a nuestro cuerpo al estrés, a pesar de ser conscientes de sus efectos nocivos y de ignorar cualquier pista corporal sutil.

Únicamente consideramos implementar modificaciones que disminuyan el grado de tensión en el caso de que el estímulo al que nos enfrentamos sea sumamente intenso; no obstante, en ocasiones dicho estímulo se presenta de manera abrupta e inesperada, con consecuencias letales que imposibilitan cualquier esfuerzo subsecuente para manejarlo de manera más eficiente.

Para muchas personas, el reloj es considerado como un objeto similar a un líder autoritario que limita su capacidad de tomar decisiones y provoca en ellas un sentimiento de obsesión. Además, existen personas que optan por ignorarlo, conscientes de su propia incapacidad para administrar eficientemente su tiempo, y llevan su vida como si este recurso no les afectara. Los individuos a menudo dilapidan su tiempo, retrasando la toma de decisiones en la evasión de responsabilidades, lo cual puede generar un impacto perjudicial tanto en su salud como en su esperanza de vida.

Sería de mi apreciación que pudieras visualizar la imagen de portar un saco repleto de monedas en tu espalda. A medida que se avanza en la trayectoria, se observa la caída de los objetos a través de un orificio hacia el suelo, llegando a percibir incluso el sonido de su caída. ¿Qué haces? "¿Acaso te detienes para cubrirlo, o continúas caminando con la apariencia de no percibir su vaciado progresivo?" (in a formal tone).

Este mismo problema se presenta en numerosas ocasiones en la gestión del tiempo de gran cantidad de individuos.

Existen individuos que sostienen que una correlación directa se establece entre la cantidad de tiempo que se tiene y los recursos financieros a disposición. En términos más formales, podríamos decir: "En el contexto laboral, nuestra actividad consiste en una transacción en la que ofrecemos nuestro tiempo y habilidades a cambio de una remuneración financiera." Therefore, the more adept we become at time management, the more effectively we will manage our economy. Or could it be the inverse?

Te insto a reflexionar detenidamente sobre la oración anterior, ya que podría ayudarte a llegar a valiosas conclusiones con respecto a tu modo de vida.

Continuando con la interdependencia entre la economía y el tiempo, es importante destacar que una economía más sólida permitirá disfrutar de un mayor tiempo de ocio. En caso de contar con una situación económica favorable, se tiende a adoptar una postura más exigente en cuanto a la selección de empleo, ponderando no solo las habilidades requeridas, sino también el tiempo a dedicar al mismo. En caso de que tu situación económica sea insuficiente, estarás dispuesto a aceptar cualquier empleo, sin importar la cantidad de tiempo que debas dedicar a cambio.

Resulta crucial tener una comprensión clara y precisa de este último concepto. Es posible que no esté al tanto de ello o que ya haya inferido, pero el acto de intercambiar tiempo por remuneración se extiende a la adquisición de bienes y servicios a través del gasto de dicha remuneración adquirida. Por ende, cada moneda que se utiliza en cualquier transacción representa una inversión de tiempo y esfuerzo laboral involucrado en su consecución.

El fenómeno del consumismo presenta una estrecha vinculación con este aspecto. Cuanto más se consuma, menor será el saldo de las monedas, lo que invariablemente implicará la necesidad de trabajar más para inyectar más monedas al fondo y reiniciar el proceso de consumo. Así, se forma un ciclo incesante en el que solo aquellos que gastan menos de lo que ganan tienen la posibilidad de escapar.

En cuanto a lograr esto, no se necesita ser millonario o recluso, sin embargo, se observa que tales personas poseen un amplio tiempo libre y son despreocupados por cuestiones de economía. ¿Qué tienen claro ambos? En caso de incurrir en gastos excesivos más allá de su capacidad financiera, se verán limitados en su tiempo de existencia y, en consecuencia, privados de la posibilidad de gozar de ella a plenitud.

Es cierto que cuando emprendemos nuevos proyectos, inicialmente, dedicamos una parte importante de nuestro tiempo a esperar que los resultados económicos se reflejen en un momento posterior. En el contexto presente, observando las menciones realizadas previamente, garantizaremos la consecución de los objetivos anticipados con absoluto grado de certeza y en menor lapso temporal.

Comprendo que si adoptamos una visión del tiempo como una aliado, mejoramos nuestra capacidad respiratoria, llevamos una vida sin excesivas presiones y nos entregamos con gozo a las diversas experiencias que nos brinda la existencia constantemente, alcanzando una mayor plenitud.

En caso de que se presente el escenario opuesto, no logramos experimentar placer alguno en la vida, aun cuando se nos brinden múltiples oportunidades de participación en actividades diversas y distracciones entretenidas. Deberíamos considerar seriamente si el valor agregado que proporcionan estos pasatiempos a nuestra vida actual supera el tiempo que invertimos en ellos.

Sí, efectivamente, ya que en ocasiones optamos por emplear nuestro tiempo y recursos financieros en actividades que, en vez de generar bienestar, pueden acarrear una carga añadida de estrés para nosotros y nuestros hijos.

¿A cuál destino nos dirigimos con tanta premura? ¿Para qué tanta prisa? La existencia humana no debe ser considerada como una competencia a ganar, sino más bien como una enriquecedora vivencia en la que deleitarse y experimentar.

If you believe that you're going to achieve something, please be advised that even though you may excel in some aspect, it will only be a fleeting accomplishment. A su debido tiempo, alguien más te superará, y si no mientras estés vivo, ciertamente después de que hayas partido de este mundo. Todos los bienes materiales que se han adquirido en la vida se someterán nuevamente a la prueba cuando se abandone este mundo.

Hace algún tiempo tuve la oportunidad de presenciar un documental en el que se postulaba que la existencia humana guarda semejanza con el conocido juego de mesa Monopoly. Es posible que usted logre amasar fortuna y adquirir propiedades, e incluso pueda causar la ruina de otros, sintiéndose el magnate de la ciudad. No obstante, cuando arribe su hora, será como cuando se finaliza una partida en el afamado juego. En otras palabras, todos los elementos de juego como fichas, billetes y propiedades serán devueltos a la caja y serán utilizados por otros participantes, dejando atrás la ilusión de tener el control sobre los mismos.

En ocasiones, al meditar sobre la naturaleza del tiempo, me percaté de que nuestra búsqueda desenfrenada por acumular bienes materiales es la principal causa de nuestra marcha a través del tiempo, la cual se torna sofocante y sin espacio para la reflexión y la comprensión de nuestras emociones, y mucho menos de nuestra respiración... Cabe destacar que los peligros de descuidar nuestra respiración son bien conocidos.

¿Ha tenido la oportunidad de presenciar alguna vez a un individuo sin hogar experimentando síntomas de estrés?

Estos individuos podrían presentar limitaciones económicas significativas, no obstante, aquellos que no han caído en el abuso de sustancias etílicas u otras drogas llevan una existencia pacífica. No tengo certeza si esta percepción es igualmente concebible para ti; no obstante, algunos individuos me han transpuesto una impresión de distanciamiento hacia la frenesí colectiva que se considera común y corriente. Es posible observarlos exhibiendo una sonrisa y una expresión sincera frecuentemente. Si uno es capaz de observar detenidamente los ojos de esta persona, se percibirá que estos desprenden una esencia radiante.

Transitan por la vía pública de manera indiferente al inexorable transcurso del tiempo. Únicamente se preocupan por satisfacer sus necesidades básicas de alimentación y descanso. A casi todos les ves caminar diariamente por distintos lugares, muchos miran al sol, no sé si te has fijado en este detalle. En ocasiones, al contemplarlos, me surge la cuestión de si la sociedad global puede haber incurrido en un error en relación al universo que hemos construido.

Si todos nos enfocáramos en la subsistencia de nuestras necesidades esenciales, el consumismo se reduciría y, por ende, disminuiría la demanda de empleo, otorgando así mayor tiempo libre. El problema surge cuando caemos bajo la creencia de que las posesiones materiales tienen la capacidad de sanar nuestro ser interior. Este es el disparo de inicio de esta competición que nos ocasiona una pérdida de tiempo.

Por lo consiguiente, considero sumamente relevante efectuar una reflexión interna, cultivar la conciencia de uno mismo y tratar con uno mismo, de esta forma se adquirirá la percepción de que no es primordial depender de lo que se ofrece en el exterior. El compás de tu trayectoria en el transcurso de la vida evolucionará de correr incesantemente para alcanzar la meta, a caminar con alegría y gozar de la travesía sin rememorar el pasado.

Deseo exponerle una serie de conclusiones y reflexiones mediante este breve manual titulado 'Ni un minuto más', para compartir mis ideas con usted.

Me gustaría también compartir una curiosidad. He iniciado la elaboración del presente libro luego de un repentino despertar a las cuatro de la mañana con la firme convicción de plasmar mis ideas en él. Para ser sincero, he intentado comenzar algunos libros y componer un libro sobre la gestión del tiempo no estaba entre mis planes iniciales. Sin embargo, hace unos años, después de la prolongada contemplación, reflexión y deliberación, decidí rendirme a estos impulsos o sensaciones, confiar en mi intuición y permitir que mis pensamientos se manifiesten.

"Ni un minuto más" refleja un fuerte deseo de no permitir la pérdida de ningún instante adicional de mi vida, debido a que poseo un gran amor por vivir y deseo que todos aquellos que valoren y aprecien su propia existencia comiencen a valorar su tiempo. En última instancia, todos los residentes de nuestro planeta somos camaradas en la vida y todos obtendremos beneficios mutuos. Estoy plenamente convencido de que siguiendo este enfoque, podremos obtener una mayor felicidad y mejorar nuestro estado general de salud.

Gestionar prioridades
Cada día, independientemente de las acciones emprendidas, cuenta con una duración de 24 horas. Es importante tener en cuenta que, por más esfuerzos

que se realicen en términos de gestión y control del tiempo, no es posible extender la duración de dichas horas. Lo que sí se encuentra bajo tu control o manejo es tu reacción y gestión de las situaciones.

En otras palabras, no se trata de administrar el tiempo disponible en un día, sino más bien de establecer las prioridades relevantes y distribuirlas adecuadamente dentro de las 24 horas del día.

¿Cuáles son las actividades prioritarias que debes realizar diariamente?

"Elabore una lista exhaustiva de las tareas que debe realizar diaria o semanalmente para su cumplimiento". Le insto a que lo organice de acuerdo con sus prioridades. Es de suma relevancia considerar tus prioridades en este contexto. En caso de no tener una agenda debidamente organizada, es posible que las prioridades de terceros se entrometan en su tiempo, sin que su persona tenga conocimiento de ello.

Sin embargo, es posible otorgar tiempo a los demás para atender a sus prioridades, cuando sea de tu conveniencia.

Por ejemplo, en una ocasión puede surgir la necesidad de asistir a trabajar, abastecer su despensa debido a su falta de provisiones y encontrarse con un conocido. ¿Cómo planificaría usted las prioridades de esa jornada? No se nos plantea ausentarnos del trabajo, sin embargo, al momento de culminar la jornada laboral, deberá considerar cuál es su prioridad; satisfacer necesidades económicas personales o disfrutar del tiempo con su compañía amistosa. Si es lo suficientemente competente como para realizar ambas tareas, sería ideal. Sin embargo, si no, se trata de tomar una decisión consciente, como es el caso con la mayoría de las situaciones en la vida.

Sin embargo, es importante tener en cuenta las consecuencias que puedan derivarse de las acciones tomadas, razón por la cual resulta fundamental establecer prioridades y determinar qué es lo verdaderamente relevante tanto para uno mismo como para su familia en el transcurso de cada jornada.

El acto de establecer prioridades es en verdad una práctica habitual de gran importancia. Con el transcurso del tiempo, tendrás la capacidad de gestionarlas con plena consciencia y entendimiento de tus acciones, su propósito y motivación.

Además, experimentarás un gran sentimiento de satisfacción personal al finalizar la tarea con éxito.

Realice su labor en función de las responsabilidades asignadas, no en términos de tiempo cronometrado.

¿No te resulta llamativo que en la mayoría de las ocupaciones convencionales se establezca una jornada laboral de ocho horas diarias? En otras palabras, el desempeño laboral resulta indistinto, ya sea como trabajador en una línea de producción, en un cargo administrativo en una firma de correduría de seguros, o en el ámbito médico (sin considerar el turno de guardia). En consecuencia, parece que el valor atribuido a la puntualidad para abandonar el lugar de trabajo es independiente tanto de la relevancia de la labor desempeñada como del nivel de productividad alcanzado por el trabajador en cuestión.

Existe una norma no oficial que establece que "el tiempo dedicado a la tarea se extenderá en proporción directa al plazo asignado para su cumplimiento". En consecuencia, si durante el transcurso de dichas ocho horas laborales correspondientes a tus labores administrativas, fueses requerido para resolver un total de seis incidentes y efectuar diez llamadas, es probable que, de manera coincidente, tus esfuerzos sean destinados íntegramente al cumplimiento de dichas tareas en el lapso de las ocho horas estipuladas. También es interesante observar que a pesar de participar en actividades como conversar con colegas, almorzar, atender llamadas telefónicas personales y similares, que exigen un tiempo sustancial de su jornada laboral, supongo que su sentido de responsabilidad asegurará que todas las tareas sean tareas. asignado a usted se completan dentro de las horas de trabajo designadas.

Al tomar conocimiento de la existencia de dicha ley, determiné verificar su veracidad. Y bien, cuando cumplí mis ochos horas, tenía todo el trabajo hecho, más mi rato de almuerzo, la charla con los compañeros, las llamadas personales,... perfecto.

Sin embargo, al día siguiente tomé la determinación de prescindir de mi reloj. He optado por adoptar el enfoque de asignación de tareas en lugar del enfoque de asignación de tiempo. Cada mañana, elaboré un plan detallado de mis tareas pendientes para el día y logré completarlas todas a media mañana, sin exagerar. Todo. Cuando mis compañeros se acercaban para hablar conmigo, yo les proporcionaba alguna justificación y continuaba mi labor. Como tal, a media mañana, comencé a organizar archivos y otras tareas como un medio para ocuparme.

En realidad, desde ese momento en adelante, no he hecho uso de un reloj.

Anteriormente, al asignar una tarea a mí mismo, me indicaría que tenía una hora para completarla. Sin embargo, ahora he adoptado un enfoque más eficiente simplemente afirmando que debo completar la tarea, lo que resulta en completar la tarea dentro del plazo asignado. Esto implica trabajar con un enfoque en la mejora de la eficiencia y la eficacia.

Si es un empleado, es posible que no haya encontrado esa declaración favorable. Claro, si el jefe se enterara te podría mandar más tareas. En verdad, resulta más conveniente laborar durante ocho horas al día, y en caso de no completar todas las tareas de un día, se pueden realizar en el siguiente. Además, cabe destacar que existe la oportunidad de disfrutar del tiempo del café y charlar con los colegas, mientras se recibe un salario fijo mensualmente.

If you are the manager, you must have had your suspicions already. However, the goal is not to manage time in order to "exploit the workers," but rather to achieve a balance, always keeping in mind the paradigm proposed by Stephen Covey: the concept of win-win. Si se desea obtener buenos resultados en la vida, es prudente no actuar fuera de dicho enfoque y trabajar en pro de un beneficio mutuo en la relación laboral entre el empleador y el empleado.

If you are a self-employed individual and have not yet consciously applied this key, you will be astonished by the results.

Discernir entre lo Urgente y lo Importante.

Lo que resulta de mayor importancia no debe estar jamás subordinado a algo que tenga una menor relevancia. Ir

Verdaderamente es algo que debes tener en cuenta: Reconocer que existen asuntos que requieren atención inmediata y otros que revisten una mayor importancia a largo plazo.

Urgent matters typically involve a set expiration date or deadline for completion. Todas las demás cuestiones son relativamente relevantes.

Sin embargo, es crucial tener en cuenta que lo que no se aborda de manera oportuna corre el riesgo de convertirse en una necesidad apremiante.

Como ilustración, el acto de estudiar puede ostentar una significativa relevancia; no obstante, en la antesala de una evaluación, su compromiso inmediato resulta imperativo. La consulta con el odontólogo en caso de tener caries puede revestir importancia, pero ante la presencia de dolor, adquiere carácter de urgencia. Proporcionar una estimación es importante, pero cuando se ha solicitado varias veces, se vuelve crucial. En este caso particular, sirve como un aviso para el cliente potencial sobre el nivel de profesionalismo que puede esperar si elige trabajar contigo.

Y para atender la tarea de revisar los correos electrónicos recibidos, examinar las presentaciones de PowerPoint adjuntas, participar en la comunicación telefónica o acceder a las plataformas de redes sociales como Facebook, se deja a su entera discreción determinar el grado relativo de importancia que se asignará a cada.

¿Cuál sería el contenido temático asociado a esta clave? De vivir en lo Importante. De acuerdo, y procurar prevenir que se convierta en una situación crítica o apremiante. La condición prevalente al residir en la zona de Urgencia es la manifestación de estrés o ansiedad. Usted determinará si desea experimentar dichos síntomas en su vida.

Además, si te acostumbras a residir en el dominio de lo Esencial, tendrás tiempo de sobra para asuntos de menor trascendencia, te lo aseguro.

Por consiguiente, es importante que tengas en cuenta cuáles son tus verdaderas prioridades, ya sea tu núcleo familiar o tus responsabilidades laborales, y labres tu camino partiendo de allí. Si se es honesto consigo mismo, se adquiere la capacidad de discernir de forma clara estos aspectos en todas las acciones llevadas a cabo en la cotidianidad.

Entonces, tendrás la experiencia de comprender lo que significa ser el poseedor de tu tiempo.